PFLANZEN FÜR BALKON UND TERRASSE

MOEWIG

Vollsonniger Standort

Halbschattiger Standort

Schattiger Standort

Reichliche Wassergaben

Mittlere Wassergaben

Mäßige bis sparsame Wassergaben

Deutsche Erstausgabe
Aus dem Italienischen von Jani Büsing
Redaktion: Joachim Breschke, Dr. Petra Gallmeister

Umschlagentwurf und -gestaltung: Giangi Corsi/Werbeagentur
Zeuner, Ettlingen

Umschlagfoto: Enzo Arnone

Auslieferung in Österreich:
Pressegroßvertrieb Salzburg Gesellschaft m.b.H.,
Niederalm 300, A-5081 Anif

Printed in Italy 1990
Gesamtherstellung: Mondadori, Verona
ISBN 3-8118-8376-3

EINLEITUNG

Seit Urzeiten ist es dem Menschen ein besonderes Bedürfnis, sich mit blühenden Gärten und farbenprächtigen Blumen zu umgeben. Pflanzen hatten für ihn eine fast mythische Bedeutung. Noch heute beweisen das historische Dokumente und großartige, phantasievoll angelegte Parks. Aber es kommt nicht auf Prunk und Größe an. Auch im kleinen Rahmen schenken Blumen mit ihrem herrlichen Duft und dem lebhaften Farbenspiel viel Freude. Und jeder von uns hat die Möglichkeit, sein Heim mit Pflanzen zu verschönern. Schon ein winziger Balkon, ja eine einfache Fensterbank reichen aus, um diesen Wunsch zu verwirklichen. Wichtig ist nur die richtige Wahl der Pflanzen. Es gibt sie in allen Größen – anspruchsvolle bis pflegeleichte Sorten. In jedem Fall ist es ein Vergnügen, sie blühen und gedeihen zu sehen.

Bepflanzung von Balkon und Terrasse

Zur Bepflanzung von Balkon und Terrasse benötigen Sie entsprechende Gefäße oder selbstgebaute Anlagen. Nehmen Sie anstelle der üblichen Blumentöpfe Pflanzgefäße mit besonders festem Stand. Sie sind im Handel in den unterschiedlichsten Formen und Materialien erhältlich. Für die Balkonbrüstung und fürs Fensterbrett empfehlen sich Blumenkästen aus hartem Material, die sich befestigen lassen, damit sie nicht herunterfallen können. Als Mindestmaß für Breite und Tiefe sollten Sie von 15 x 20 cm ausgehen. Rechteckige und quadratische Formen eignen sich am besten, weil sie, dicht aneinandergerückt, keinen Platz verschwenden. Sie lassen sich außerdem leicht an Wänden und Raumteilern anbringen. Pflanzen wie Verbenen, Begonien, Petunien usw. machen aus ihnen wahre Schmuckstücke.
Auf großen Balkonen und Dachterrassen lassen sich ganze Gärten mit richtigen Beeten anlegen. Beauftragen Sie einen Fachmann oder – wenn Sie das nötige handwerkliche Geschick haben – legen Sie den Garten selbst an. Nachdem die Beete gebaut sind, kleiden Sie sie mit Folie aus. Legen Sie eine Bewässerungs-Einrichtung an. Je nach Größe werden die Beete mit einer automatischen Anlage auf oder in der Erde ausgerüstet. Die Bedienung kann manuell oder mit Zeitschalter erfolgen. Bewässerungs-Systeme im Bausatz sind im Handel erhältlich.
Pflanzen für Balkon und Terrasse dürfen nicht allzu groß sein. Da sich ihre Wurzeln nur begrenzt im relativ geringen Erdballen verankern können, haben sie weniger Standfestigkeit als im Garten. Sie sind daher durch starken Wind gefährdet.
Besonders gut machen sich auf größeren Terrassen Terracotta- und Steinbehälter, Holzfässer, alte Bottiche, Statuen, Säulen, Kapitelle, aber auch Hocker, Bänke, Tischchen, Gitterroste, schmiedeeiserne Konsolen, alte Kupferkessel. Sehr dekorativ sind Blumenampeln unter Vorbauten, Pergolen und an Durchgängen. Ideal für ihre Bepflanzung sind Wilder Wein, Asparagus, Fuchsien, Pelargonien usw. Da die Behälter nur relativ wenig Erde aufnehmen, ist es besonders wichtig, einen nährstoffreichen Boden zu verwenden oder oft nachzudüngen. Für die meisten Pflanzen eignet sich folgende Mischung: ein Drittel Gartenerde, ein Drittel Torf, ein Drittel Mist oder Kompost mit einer geringen Beimengung von Hornspänen. Fertige Erdmischungen sind im Handel erhältlich. Düngen Sie die Pflanzen regelmäßig, besonders während der Blütezeit, und zwar vorzugsweise mit Flüssigdünger. Einen sehr schönen Blickfang erzielen Sie, wenn Sie hohe und niedrige Blumen zusammen pflanzen (zum Beispiel Herzlilien mit Gladiolen, Vergißmeinnicht mit Tulpen, Tagetes mit Zinnien usw.). Vergessen Sie nicht die Grünpflanzen. Sie sind nämlich die Basis jeder Anlage. An vielen von ihnen haben Sie noch im Herbst Ihre Freude.

Erde, Kompost und Substrate

Für Balkon-Gärten und Blumentöpfe sind unterschiedliche Erdmischungen oder Substrate erforderlich. Hier die wichtigsten: Lehmboden zur Hälfte gemischt mit Sand; Gartenerde aus regelmäßig gedüngten Böden; Heideboden von unterhalb der Erika-Sträucher; roter, lehmhaltiger Boden; schwarzer,

humusreicher Boden (der beste); Fluß- oder Grubensand.
Waldboden ist reich an Humus. Kastanienboden besteht aus kompostiertem Holz, Kastanien und Kastanienschalen. Seine Struktur ist grob, die Farbe rötlichbraun. Lauberde, die leichter ist als Waldhumus, besteht meistens aus Buchen-, Kastanien-, Ahornblättern, manchmal auch aus Koniferen-Nadeln. Sie entsteht durch Kompostieren der im Herbst zusammengetragenen Blätter.
Zum Kompostieren eignen sich Blätter, Gras, organische Abfälle aller Art. Sie werden abwechselnd mit etwas angefeuchteter Erde geschichtet. Kalkpulver zum Neutralisieren von Säuren kommt hinzu, wenn der Kompost sauer wird, sonst nicht. Der Komposthaufen muß mehrfach umgesetzt und, wenn er „reif" ist, durchgesiebt werden. Für die moderne Gartenkultur haben natürliche und neutrale Substrate große Bedeutung. Man verwendet sie bei der Pflanzenaufzucht, für Hydrokulturen und hält Topferde damit locker und durchlässig (z.B. Blähton usw.).

Die Düngung

Jeder Boden, der lange genutzt wird, verliert im Laufe der Zeit mehr und mehr an Fruchtbarkeit. Um einen Ausgleich zu schaffen, müssen wir düngen. Es gibt viele chemische Düngemittel, die den Pflanzen das geben, was sie brauchen. Die erforderlichen Mengen sind sehr unterschiedlich. Von einigen müssen wir viel verwenden, von anderen nur Minidosierungen. Trotzdem sind alle notwendig. Die Verwendung von nur einem Nährstoff kann zu unnötigen Mangelerscheinungen bei den Pflanzen führen. Die Hauptnährstoffe sind: Stickstoff, Phosphor, Kali, Kalk, Magnesium, Schwefel. Die Spurenelemente sind: Eisen, Bor, Mangan, Zink, Kupfer, Molybdän. Ebenfalls nützlich sind: Natrium, Chlor.
Wir unterscheiden generell zwischen organischen und mineralischen Düngern. Beide werden benutzt. Jedoch haben organische Düngemittel einen großen Vorteil: Sie halten im Boden lange vor und werden von der Pflanze langsam absorbiert. Außerdem verbessern sie die physisch-chemische sowie die bakteriologische Struktur des Bodens und bauen sich selbst bei langen Regenperioden kaum ab. Anorganische Dünger dagegen werden in hoher Konzentration schnell aufgenommen, sobald sie mit den Wurzeln in Berührung kommen. Dadurch entwickelt sich die Pflanze schnell. Darum wird anorganischer Dünger auch gern zur Kräftigung verwendet. Sie sollten ihn jedoch nicht über einen längeren Zeitraum nehmen, da Sie dann dem Boden schaden. Am besten beginnen Sie mit beiden. Benutzen Sie den organischen Dünger als Basis, den anorganischen zum Aufbau oder zwischendurch zur Erzielung schneller Wirkungen. Organische Dünger werden aus Mist von Pferden, Schafen, Rindern, Hühnern sowie Guano, Blutpulver, Hornspänen, Knochenmehl, Flaum und Wollabfall, grob gehäckselten Lupinen, Küchenabfällen, Holzasche usw. gewonnen. Lösliche mineralische Stoffe sind im Handel erhältlich und für gute Ergebnisse sehr zu empfehlen.
Die am häufigsten verwendeten anorganischen oder mineralischen Dünger sind Volldünger. Bei der Verwendung mineralischer Dünger sind Art und Bedürfnisse der Pflanzen sowie die physischen, chemischen und biologischen Bedingungen (Bodenbeschaffenheit, Aufnahmefähigkeit, Bewässerung, Jahreszeit usw.) genau zu beachten.
Nicht zu vergessen: Stickstoff beeinflußt die Entwicklung (Wachstum und Blattbildung); Phosphor beschleunigt die allgemeine Produktion (Blüten, Früchte, Samen); Kali kräftigt die Triebe, verstärkt die Farben der Blüten, ihren Duft, verbessert die Früchte und Samen; Kalk beeinflußt das Wachstum, fördert die Aufnahme organischer Stoffe aus dem Boden und regt die Blattbildung an. Alle anderen Dünger sollten gut in den Boden eingearbeitet werden.
Ein anderes System ist das Düngen über die Blätter. Diese werden mit Nährlösungen besprüht, die sie sofort aufnehmen. Die Mittel enthalten verschiedene Grundelemente in ausgewogener Zusammensetzung und sind im Handel erhältlich. In bestimmten Situationen ist diese Art der Düngung vorzuziehen: Wenn schnelle Hilfe – z.B. nach Umpflanzungen – nötig ist; bei schwächlichem Wuchs; nach Hagelschlag, Frost, Beschnitt, längerer Trockenheit; bei zu kleinen oder zu großen Pflanzbehältern. Blattdünger können ohne weiteres mit Schädlingsbekämpfungsmitteln vermischt werden. So ersparen Sie sich einen Arbeitsgang.

Wasser und Gießen

Wasser sorgt dafür, daß die Pflanzen die Mineralien aus dem Boden durch ihre Wurzeln aufnehmen können. Wasser ist gleichzeitig ein Hauptbestandteil der Pflanze (bei einigen Arten über 90 Prozent). Darum ist das Gießen eine unserer wichtigsten Aufgaben. Jede Pflanze hat ihre eigenen Bedürfnisse nach Feuchtigkeit. Es bedarf längerer Erfahrung, bis Sie den richtigen Moment zum Gießen und die genaue Wassermenge kennen. Auf jeden Fall sollten Sie sich an folgende Regeln halten:
- Pflanzen leiden oder sterben eher durch zu häufiges als zu seltenes Gießen.
- Warten Sie nicht, bis die Pflanzen schlaff werden – also im Begriff sind zu verdursten. Die meisten erholen sich, einige aber nicht.

- Immergrüne, großblättrige Pflanzen brauchen mehr Wasser als blühende Pflanzen.
- Lassen Sie den Boden nie ganz austrocknen. Dadurch wird die Erde wasserabweisend, extrem durchlässig.
- Büsche und Bäume mit flachen Wurzeln müssen während der Sommerzeit häufig gewässert werden.
- Stark blühende Arten wie *Canna indica*, Dahlien, Petunien, Zinnien usw. müssen oft und reichlich gegossen werden.
- Frisch gesetzte Bäume, Sträucher und Pflanzen müssen nicht nur gegossen, sondern auch ganz besprüht werden, damit sie schneller anwachsen.
- Während der heißen Sommermonate sollten viele Pflanzen allabendlich besprüht werden (z. B. Azaleen, Rhododendren, Gardenien, Hortensien usw.).

Während der kälteren Jahreszeit sollten Sie wässern, wenn es getaut hat. Es ist besser, reichlich und in großen Abständen zu gießen als oft und wenig. Gießen Sie mit einem sanften Duschstrahl. So schaden Sie den Pflanzen nicht, und der Boden bildet keine Kruste. Regenwasser ist am besten. Wenn Sie statt dessen Leitungswasser nehmen, muß es abgestanden sein. Einige Pflanzen vertragen kein kalkhaltiges Wasser. Entkalken Sie es daher. Achten Sie auch darauf, daß das Gießwasser frei von schädlichen Stoffen ist (Reinigungsmittel, Säuren, ölhaltige Substanzen usw.).

Pflanzbehälter

Der typische Behälter ist der nach unten schmal zulaufende Blumentopf aus Ton oder Plastik mit einer oder mehreren Pflanzen, aus dem das überschüssige Gießwasser durch ein Loch am Boden entweicht. Es gibt jedoch eine große Anzahl anderer Pflanzbehälter in vielen Formen und Größen aus den unterschiedlichsten Materialien (Zement, Holz usw.). Neuerdings sind Behälter aus Plastik sehr in Mode. Für welches Material Sie sich auch entscheiden: Wichtig ist, daß die Größe des Behälters zur Pflanze paßt.
Nachdem Sie den passenden Topf ausgewählt haben, reinigen Sie ihn zunächst. Bereits früher benutzte Behälter gründlich mit einer Bürste von allen Rückständen befreien und mit einer leichten Soda-Lösung desinfizieren. Füllen Sie dann eine Dränage aus Kies, kleinen Tonscherben oder Styropor-Kügelchen usw. auf den Boden des Behälters. Schütten Sie dann den Boden auf, und setzen Sie die Pflanze ein, indem Sie die Wurzeln möglichst natürlich verteilen. Falls die Pflanze einen Erdballen hat, setzen Sie diesen ein. Drücken Sie anschließend den Boden leicht mit den Händen fest. Der Ansatz der Pflanze sollte nicht zu tief im Boden sein, sondern mit dem Erdreich abschließen. Füllen Sie den Topf nur so weit, daß noch ein Gießrand bleibt. Je nach Wachstum der Pflanze muß sie gelegentlich umgetopft werden. Hierbei sollten Sie Schritt für Schritt vorgehen. Der Umfang des jeweils folgenden Topfes darf nur wenige Zentimeter größer sein als der vorherige. Es ist besser, öfter einmal umzutopfen, als gleich einen viel größeren Behälter zu wählen. Wenn die Pflanze eine bestimmte Größe erreicht hat, sollten Sie aus naheliegenden Gründen mit dem Umtopfen aufhören. In diesem Fall müssen Sie nur ab und zu die Dränage erneuern und die Erde, die sich noch entfernen läßt. Bei dieser Gelegenheit können Sie auch vorsichtig den Wurzelballen verkleinern.

DIANTHUS CARYOPHYLLUS (Gartennelke)

Familie: *Caryophyllaceae*, Nelkengewächse.
Beschreibung: Der Wuchs ist büschelig mit verzweigten Stengeln. Die Blätter sind lineal-spitzig, kaum verwachsen, am Grund länger, oben kürzer, die Hochblätter kelchartig. Die gestielten Blüten sind einzeln oder in kleinen Dolden angeordnet. Die Kronen sind rosa bis fliederfarben, der Rand leicht bis stark gezähnt. Aus der Wildart wurde die Gartennelke mit großer, voller Krone in vielen Farben gezüchtet.
Blüte: Fast das ganze Jahr.
Verwendung: Für Randstreifen, Beete, hauptsächlich jedoch als Schnittblume.
Pflanzzeit: Die aus Samen gezogenen Setzlinge werden Ende April bis Mitte Mai ausgepflanzt.
Vermehrung: Aus Samen im Frühjahr (März bis April), aus Stecklingen oder durch Teilung des Wurzelballens.
Standort: Sehr sonnig.
Boden: Kalkhaltig, mit Sand gemischt. Der Boden muß locker, leicht und durchlässig sein.
Feuchtigkeit: Je nach Klima regelmäßig zwei- bis dreimal wöchentlich gießen.

DIANTHUS BARBATUS (Bartnelke)

Familie: *Caryophyllaceae*, Nelkengewächse. Der botanische Name setzt sich aus zwei griechischen Wörtern zusammen und bedeutet Blume Jupiters.
Herkunft: Südeuropa bis Ostasien.
Beschreibung: Ausdauernde Pflanze (hier zweijährig) mit aufrechten Stengeln, etwa 50 cm hoch, glatt, oben kantig. Die Blätter sind eiförmig-lanzettlich bis lanzettlich mit rauhem Rand, kurzstielig. Die Blütenstände sind büschelig, die Kronblätter am Rand gezähnt, rot-weiß sowie rosa, rot, violett, lila usw. Es gibt auch gefüllte Arten.
Blüte: Mai bis August.
Verwendung: Als Schnittblume, für Balkon und Terrasse, Randstreifen, kleine Beete.
Pflanzzeit: Mai.
Vermehrung: Aus Samen im Frühjahr sowie durch Stecklinge oder Teilung des Wurzelballens.
Standort: Sehr sonnig.
Boden: Kalkhaltig, mit einer Beimischung von einem Drittel Sand.
Feuchtigkeit: Je nach Klima regelmäßig zwei- bis dreimal wöchentlich gießen.

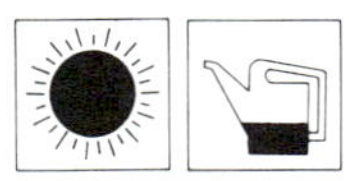

KNIPHOFIA UVARIA (Fackellilie)

Familie: *Liliaceae*, Liliengewächse. Ihren botanischen Namen erhielt die Pflanze nach dem Botaniker Dr. J. Kniphof (Anfang 18. Jahrhundert).
Herkunft: Südafrika; seit 1707 in Europa.
Beschreibung: Ausdauernde, krautige Pflanze mit grundständigen Blattbüscheln. Die Blätter sind lang und aufrecht, lineal-grasartig. Der Schaft ist glatt, etwas über 1 m hoch mit einer endständigen Ähre mit zylindrischen, anfangs aufrechten, später geneigten Blüten. Ihre Farbe ist anfangs korallrot, dann orange und zuletzt gelb-grün, von unten nach oben aufblühend. Es gibt verschiedene Arten und viele Sorten.
Blüte: Juli bis Oktober.
Verwendung: Für Randstreifen, Steingärten, Terrassen.
Pflanzzeit: Frühjahr.
Vermehrung: Durch Teilung der Wurzelballen im Frühjahr.
Standort: Sonnig.
Boden: Nahrhaft, tief, frisch, sandig, durchlässig.
Feuchtigkeit: Oft und reichlich gießen, besonders im Sommer. Staunässe vermeiden.

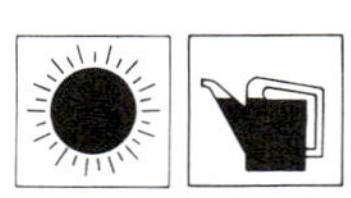

LILIUM (Lilie)

Familie: *Liliaceae*, Liliengewächse.
Herkunft: Die Gattung *Lilium* umfaßt viele Arten. Die meisten kommen aus dem Mitelmeerraum, Eurasien und Nordamerika. Das Foto zeigt *Lilium szovitzianum*.
Beschreibung: Lilien sind ausdauernde Zwiebelgewächse mit aufrechten, oft sehr robusten, dunklen Stengeln. Die Blätter sind lanzettlich oder eiförmig-lanzettlich, zum Teil zugespitzt, wechselständig, intensiv-grün, bei wenigen Arten mit kleinen Zwiebeln in den Blattachseln. Die meisten Arten haben stark duftende Blüten. Die Formen sind sehr vielfältig, die Farben weiß, rosa, purpur, orange usw. Alle Blüten sind sechsblättrig.
Blüte: Mai bis Anfang August.
Verwendung: Für Einzelgruppen, Randstreifen, Beete, hauptsächlich als Schnittblumen.
Pflanzzeit: Herbst.
Vermehrung: Durch Abtrennung der kleinen Zwiebeln.
Standort: Sonnig, Wurzeln schattig.
Boden: Leicht und durchlässig, mit organischem Dünger versetzt, wenig oder gar nicht kalkhaltig.
Feuchtigkeit: Siehe andere Lilienarten.

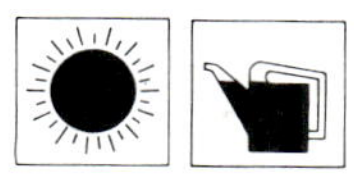

LILIUM AURATUM (Goldbandlilie)

Familie: *Liliaceae*, Liliengewächse.
Herkunft: Japan und Korea; seit 1862 in Europa.
Beschreibung: Ausdauerndes Zwiebelgewächs, etwa 2 m hoch. Die Blätter sind wechselständig mit kurzen Stielen, 15 bis 20 cm lang, 2 bis 3 cm breit. Die Blüten sind stark duftend, die Hüllblätter im zweiten Drittel nach außen gewölbt und am Rand leicht gekräuselt. Ihre Farbe ist weiß-elfenbein mit goldgelben Streifen und purpurfarbenen Tupfen. Die Blüte erreicht eine Größe von etwa 20 cm Durchmesser.
Blüte: Sommer.
Verwendung: Für Randstreifen, Beete, Einzelgruppen, als Schnittblumen.
Pflanzzeit: Herbst.
Vermehrung: Durch Abtrennen der kleinen Zwiebeln von der Hauptzwiebel.
Standort: Sehr sonnig, um die Farben besonders zum Leuchten zu bringen, oder halbschattig.
Boden: Locker, leicht, gut gedüngt, wenig oder gar nicht kalkhaltig.
Feuchtigkeit: Während der Sommerzeit täglich mäßig gießen. Der Boden muß immer frisch sein, aber niemals naß.

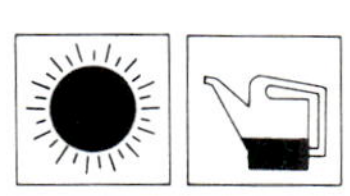

LILIUM BULBIFERUM (Feuerlilie)

Familie: *Liliaceae*, Liliengewächse.
Herkunft: Südliche Alpen.
Beschreibung: Ausdauernde Pflanze mit kleiner, ovaler Zwiebel. Der Stengel ist 40 bis 100 cm hoch mit einer größeren Anzahl verwachsener Blätter in der Mitte. Die Blätter sind lineal-spitzig und ziemlich lang mit kleinen Zwiebeln in den Blattachseln. Die Blüten sind duftlos, rotorange mit kräftigen rot-braunen Flecken, einzelständig oder in Dolden von zwei bis fünf Blüten.
Blüte: Juni bis Juli.
Verwendung: Für Einzelgruppen, Randstreifen, Beete oder als Schnittblumen.
Pflanzzeit: Herbst.
Vermehrung: Durch Abtrennung der kleinen Zwiebeln von der Hauptzwiebel.
Standort: Sonnig bis halbschattig. Im Halbschatten werden die Farben weniger leuchtend.
Boden: Nahrhaft, leicht, gut gedüngt, wenig kalkhaltig.
Feuchtigkeit: Jeden Tag mäßig gießen. Der Boden muß immer frisch sein, nie trocken oder naß.

LILIUM LONGIFLORUM (Langblütige Lilie)

Familie: *Liliaceae*, Liliengewächse.
Herkunft: China und Japan; in Europa seit 1862.
Beschreibung: Ausdauerndes Zwiebelgewächs. Der Stengel ist 50 bis 100 cm hoch, oft mit kleinen Zwiebeln in den Blattachseln. Die Blätter sind lanzettlich, wechselständig, höchstens 15 cm lang und 1,5 cm breit. Ein Stengel trägt ein bis drei große, reinweiße, duftende Blüten.
Blüte: August bis September.
Verwendung: Für Einzelgruppen, Randstreifen, Beete und als Schnittblume.
Pflanzzeit: Herbst.
Vermehrung: Durch Abtrennen der kleinen Zwiebeln von der Hauptzwiebel.
Standort: Sonnig bis halbschattig.
Boden: Locker, gut gedüngt, wenig kalkhaltig.
Feuchtigkeit: Regelmäßig leicht gießen, bis die Blätter gelb werden, möglichst jeden Tag. Der Boden muß immer frisch sein.

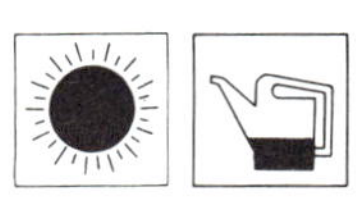

LILIUM CANDIDUM (Madonnenlilie)

Familie: *Liliaceae*, Liliengewächse.
Herkunft: Orient; in Europa seit Ende des 16. Jahrhunderts.
Beschreibung: Ausdauernde Pflanze mit großer Zwiebel und dickem, aufrechtem Stengel. Die Blätter sind lanzettlich-spitzig, wechselständig, mit kleinen Härchen an den Rändern. Die duftenden Blüten sind weiß, am oberen Rand nach außen gewölbt und zu sechs bis zwanzig in lokkeren Blütentrauben angeordnet.
Blüte: Juni bis Juli.
Verwendung: Für Einzelgruppen, Randstreifen, Beete sowie als Schnittblumen.
Pflanzzeit: September.
Vermehrung: Durch Abtrennen der kleinen Zwiebeln von der Hauptzwiebel.
Standort: Sonnig bis halbschattig.
Boden: Locker, gut gedüngt, kaum kalkhaltig.
Feuchtigkeit: Regelmäßig leicht gießen, bei Hitze öfter. Die Madonnenlilie ist eine der wenigen Lilienarten, die etwas Trockenheit vertragen.

LILIUM REGALE (Königslilie)

Familie: *Liliaceae*, Liliengewächse.
Herkunft: Westchina.
Beschreibung: Ausdauerndes Zwiebelgewächs mit bis zu 2 m hohem Stengel, im unteren Bereich blattlos, mit lanzettlichen, dunkelgrünen Blättern. Die duftenden Blüten sind außen rosaweißlich und am Grund kanariengelb. Die Blütenstände umfassen etwa 20 bis 30 Blüten.
Blüte: Juli bis August.
Verwendung: Für Randstreifen, Beete, kleine Gruppen sowie als Schnittblumen.
Pflanzzeit: Herbst.
Vermehrung: Durch Abtrennen der kleinen Zwiebeln von der Hauptzwiebel.
Standort: Sonnig.
Boden: Gute Gartenerde, locker, kräftig gedüngt, kaum kalkhaltig.
Feuchtigkeit: Oft mäßig gießen, bei Hitze täglich. Alle Lilienarten reagieren empfindlich auf zuviel Wasser, weil dadurch die Zwiebeln faulen. Den Boden entsprechend immer nur frisch halten.

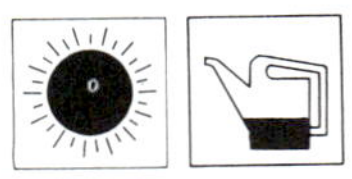

LILIUM SPECIOSUM (Prachtlilie)

Familie: *Liliaceae*, Liliengewächse.
Herkunft: Japan und Korea; in Europa seit 1832.
Beschreibung: Pflanze mit etwa 1 m hohem Stengel und wechselständigen, kurzstieligen Blättern (etwa 20 bis 30), die etwa 20 cm lang und 4 bis 5 cm breit sind. Die duftenden Blüten sind im letzten Drittel nach außen gewölbt, die Ränder gekräuselt. Sie sind weiß-rosa mit kräftig-roten Tupfen und stehen in Blütenständen mit drei bis zehn Blüten.
Blüte: September.
Verwendung: Als Schnittblumen, für Randstreifen, Beete und Einzelgruppen.
Pflanzzeit: Herbst.
Vermehrung: Durch Abtrennen der kleinen Zwiebeln von der Hauptzwiebel.
Standort: Sonnig bis halbschattig.
Boden: Locker, leicht, gut mit organischem Dünger vermischt, wenig oder gar nicht kalkhaltig.
Feuchtigkeit: Bis Ende der Blüte reichlich gießen, dann langsam weniger, bis die Blätter gelb sind.

LILIUM LANCIFOLIUM (Tigerlilie)

Familie: *Liliaceae*, Liliengewächse.
Herkunft: China und Japan.
Beschreibung: Zwiebelgewächs mit aufrechtem, kräftigem Stengel, etwa 2 m hoch mit schwarz-roten Zwiebeln in den Blattachseln. Die Blätter sind eiförmig-lanzettlich bis lanzettlich (etwa 20 bis 30), etwa 15 cm lang und höchstens 1,5 cm breit und haben fünf bis sieben Nerven. Die Blütenstände weisen acht bis zwanzig Blüten auf. Die Blüten sind intensiv orange-rot mit schwarzen Punkten.
Blüte: August bis September.
Verwendung: Als Schnittblumen, für Randstreifen und Beete.
Pflanzzeit: Herbst.
Vermehrung: Durch Abtrennen der kleinen Zwiebeln von der Hauptzwiebel.
Standort: Halbschattig bis sonnig. An einem sonnigen Standort werden die Blüten farbintensiver.
Boden: Fruchtbar, locker, kaum kalkhaltig.
Feuchtigkeit: Öfter mäßig gießen. Der Boden muß immer frisch sein.

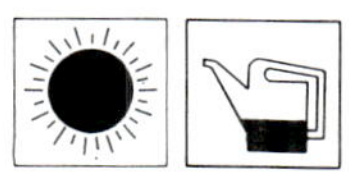

PANCRATIUM ILLYRICUM (Pankrazlilie)

Familie: *Amaryllidaceae*, Amaryllisgewächse.
Herkunft: Korsika.
Beschreibung: Zwiebelgewächs mit linealen, sitzenden, blau-grünen Blättern, die 2 bis 3 cm breit und etwa so lang wie der Stengel (maximal 60 cm) sind. Der doldige Blütenstand trägt sechs bis fünfzehn weiße, duftende, strahlige Blüten mit grüner Kronröhre. Die Kronzipfel sind lanzettlich. Im Schlund der Blüte befindet sich – wie bei Narzissen – eine kleine Nebenkrone, die die Staubgefäße trägt.
Blüte: Mai bis Juli.
Verwendung: Für Randstreifen, Einzelgruppen sowie tiefe Pflanzbehälter.
Pflanzzeit: Herbst.
Vermehrung: Durch Teilung der Zwiebeln im Herbst.
Standort: Sehr sonnig.
Boden: Lockere Mischung aus Heideboden, Sand und Blatterde, Winterschutz.
Feuchtigkeit: Regelmäßig gießen bis zum Ende der Blüte, dann langsam immer mehr reduzieren. Während der Ruhezeit im Winter kaum gießen.

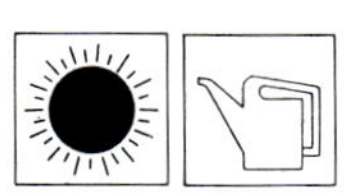

CAMPANULA ISOPHYLLA

Familie: *Campanulaceae*, Glockenblumengewächse.
Herkunft: Italien, hauptsächlich Westligurien.
Beschreibung: Ausdauernde Pflanze mit leichtem Flaum und Zweigen bis 30 cm Länge. Die dunkelgrünen Blätter sind herzförmig, am Rand gezähnt und langstielig. Die Blüten sind trichterförmig in den Farben Blau-lila oder Weiß.
Blüte: Juli bis September.
Verwendung: Ideal als Ampelpflanze.
Vermehrung: Durch Stecklinge.
Standort: Luftig, halbschattig.
Boden: Leicht und durchlässig (Torf und Heideboden).
Feuchtigkeit: Reichlich gießen, im Winter kaum.

MATTHIOLA INCANA (Levkoje)

Familie: *Cruciferae*, Kreuzblütler. Ihren botanischen Namen erhielt die Pflanze nach dem Botaniker Dr. Andrea Mattioli (1500 – 1577).
Herkunft: Mittelmeerraum.
Beschreibung: Ausdauernde, graufilzige Pflanze. Der Stengel ist aufrecht bis gekrümmt, 30 bis 60 cm hoch, im unteren Teil leicht verholzt. Die Blätter sind lanzettlich-lineal, ganzrandig. Die Blüten mit vier weißen, rosa oder purpurroten Kronblättern sind in lockeren Trauben angeordnet. Es gibt viele Blütenvarianten von einfach bis gefüllt.
Blüte: März bis Juli.
Verwendung: Ideal als Kübelpflanze für Balkon und Terrasse, im Freiland für Randstreifen, Beete, kleine Einzelgruppen sowie Böschungen.
Pflanzzeit: Herbst oder Frühjahr, wenn sie im Sommer blühen soll.
Vermehrung: Aus Samen im Sommer.
Standort: Sonnig.
Boden: Gut gedüngter, leichter, lockerer Boden.
Feuchtigkeit: Regelmäßig alle zwei Wochen gießen.

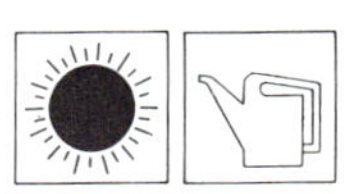

CHEIRANTHUS CHEIRI (Goldlack)

Familie: *Cruciferae*, Kreuzblütler.
Herkunft: Vermutlich Kleinasien; in Europa etwa seit Ende des 16. Jahrhunderts.
Beschreibung: Ausdauernde Pflanze (als Züchtung meistens ein- oder zweijährig) mit dichtem Flaum. Der Stengel ist dünn und aufrecht, etwa 50 cm hoch und unten leicht verholzt. Die kurzgestielten Blätter sind lanzettlich-spitzig, etwas fleischig. Die Blüten wachsen aufrecht stehend in lockerer Traube. Sie haben vier goldgelbe bis bräunliche Kronblätter und bräunliche Kelchblätter. Weitere Varianten existieren in Purpurrot, Rotbraun usw.
Blüte: Frühling.
Verwendung: Für Balkon, Terrasse, Randstreifen, Beete, Böschungen, Abhänge usw.
Pflanzzeit: Die aus Samen gezogenen Setzlinge werden im Herbst ausgepflanzt.
Vermehrung: Aus Samen im Herbst, auch im Frühjahr unter Glas.
Standort: Sonnig.
Boden: Normale Gartenerde mit Sand und gebranntem, fein gestoßenem Mörtel vermischt.
Feuchtigkeit: Regelmäßig alle zehn Tage gießen. Staunässe vermeiden.

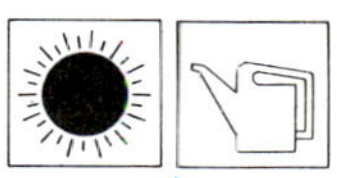

GALTONIA CANDICANS (Riesenhyazinthe)

Familie: *Liliaceae*, Liliengewächse. Ihren botanischen Namen erhielt die Pflanze nach dem französischen Forscher Galton (1822 - 1911).
Herkunft: Natal, Südafrika; seit 1870 in Europa.
Beschreibung: Krautiges Zwiebelgewächs, etwa 1 m hoch. Die Blätter sind grundständig, lineal-spitzig, blaugrün. Die Blüten sind groß, weiß, glockenförmig, geneigt, bis 40 in lockerer Traube angeordnet. Der Schaft ist zylindrisch und blattlos.
Blüte: Juli bis September.
Verwendung: Für Einzelgruppen an Rasenflächen, Terrassen, Beeten.
Pflanzzeit: Die aus Samen gezogenen Setzlinge werden im Frühling ausgepflanzt, Zwiebeln im April.
Vermehrung: Aus Samen, obwohl es sich um eine Zwiebelpflanze handelt. Die Zwiebeln bilden kaum Ableger.
Standort: Sonnig.
Boden: Leicht, locker, durchlässig.
Feuchtigkeit: Regelmäßig, aber nicht zu häufig gießen, da die Zwiebel faulen könnte.

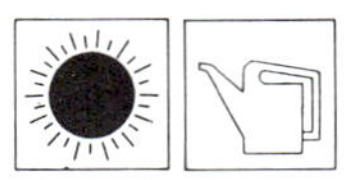

HAEMANTHUS PUNICEUS (Blutblume)

Familie: *Amaryllidaceae*, Amaryllisgewächse. Der botanische Name entstand aus den griechischen Wörtern *aima* (Blut) und *anthos* (Blume) und bezeichnet die blutrote Farbe der Blüte.
Herkunft: Südafrika, Kapgebiet.
Beschreibung: Krautiges Zwiebelgewächs. Die dicht sitzenden, glänzendgrünen Blätter haben kurze Stiele und sind an den Rändern gekräuselt, mit sechs Nerven auf jeder Seite. Der Blütenstand ist schirmartig auf kräftigem Schaft. Die Kronröhre ist kurz, die Blüten sind scharlachrot.
Blüte: Juni bis September. Sie können auch in anderen Monaten zur Blüte gebracht werden.
Verwendung: Für Wintergarten, Wohnung und Terrasse.
Pflanzzeit: Frühling.
Vermehrung: An den Blättern bilden sich Jungpflanzen.
Standort: Halbschattig, warm und geschützt. Die Aufzucht im Blumentopf erfolgt an sehr hellen, warmen Plätzen.
Boden: Erde, Torf, Sand und Dünger.
Feuchtigkeit: Vom Beginn des Wachstums bis zum Ende der Blüte reichlich gießen, langsam reduzieren und ganz aufhören, wenn alle Blätter gelb sind Nach der Winterpause wieder anfangen.

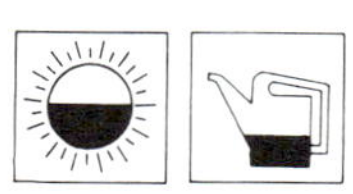

HEMEROCALLIS DUMORTIERII (Taglilie)

Familie: *Liliaceae*, Liliengewächse.
Herkunft: Japan; in Europa seit 1887.
Beschreibung: Ausdauernde Pflanze mit kräftigem Rhizom und 30 bis 50 cm langen, maximal 2 cm breiten, gekielten Blättern. Der Stengel ist robust und etwa gleichlang. Die duftlosen Blüten sind orange-gelb, außen bräunlich.
Blüte: Mai bis Juni.
Verwendung: Für gemischte Randstreifen, Beete, Terrasse und Einzelgruppen.
Pflanzzeit: Frühling oder Herbst.
Vermehrung: Durch Teilung des Wurzelstocks nach der Blüte.
Standort: Halbschatten, geschützt und nicht zugig.
Boden: Normale Gartenerde, da die Pflanze anspruchslos ist.
Feuchtigkeit: Zwei- bis dreimal pro Woche gießen, besonders während der warmen Jahreszeit. Die Erde muß immer frisch, aber nie naß sein.

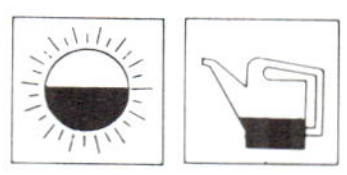

HEMEROCALLIS LILIOASPHODELUS (Gelbe Taglilie)

Familie: *Liliaceae*, Liliengewächse.
Herkunft: Europa, Asien.
Beschreibung: Ausdauernde, krautige Pflanze mit kräftigem Rhizom. Die Blätter sind lang, gerade und gekielt, der Stengel ist aufrecht und robust, 60 bis 80 cm hoch. Die Blüten sind gelb, duftend und wechselständig angeordnet.
Blüte: Mai bis Juni.
Verwendung: Für Mischbepflanzungen, Beete, Terrassen und Einzelgruppen.
Pflanzzeit: Frühling oder Herbst.
Vermehrung: Durch Teilung des Wurzelstocks nach der Blüte.
Standort: Halbschatten.
Boden: Normale Gartenerde.
Feuchtigkeit: Regelmäßig alle zwei bis drei Tage so gießen, daß der Boden immer frisch ist.

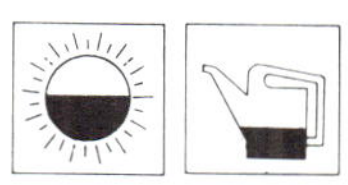

IMPATIENS WALLERIANA (Fleissiges Lieschen)

Familie: *Balsaminaceae*, Balsaminengewächse.
Herkunft: Sansibar.
Beschreibung: Ausdauernde Blütenpflanze mit 30 bis 60 cm langem, fleischigem, an den Knoten verdicktem Stengel. Die unteren Blätter sind wechselständig, dicht aneinandergerückt. Ihre Form ist elliptisch-lanzettlich, der Rand gezähnt mit kleinen, weichen Dornen. Die Blüten sind scharlachrot, rosa oder weiß mit langem Sporn und fünf Kronblättern, von denen eins größer ist und einzeln steht, während die anderen paarweise angeordnet sind.
Blüte: Das ganze Jahr.
Verwendung: Für Beete, Randstreifen, kleine Gruppen sowie Terrasse.
Pflanzzeit: Die aus Samen gezogenen Setzlinge werden im Mai ausgepflanzt.
Vermehrung: Aus Samen im Frühjahr, durch Stecklinge hauptsächlich im September, aber auch zu anderen Jahreszeiten.
Standort: Sonne bis Schatten im Freiland, in der Wohnung hell, aber nicht sonnig.
Boden: Sehr locker und fruchtbar.
Feuchtigkeit: Häufig gießen, damit der Boden immer frisch bleibt.

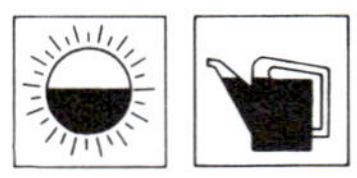

LANTANA CAMARA (Wandelröschen)

Familie: *Verbenaceae*, Verbenengewächse.
Herkunft: Brasilien.
Beschreibung: Wenig verzweigter Strauch bis 1 m Höhe in der Normalgröße. Als Zwergstrauch ‚Nana' nur etwa 20 bis 30 cm hoch. Die Blätter sind gegenständig, rauhhaarig und netznervig, eiförmig-spitzig und gezähnt, duftend. In Dolden stehen kleine, zunächst goldgelbe, dann orange- und zum Schluß zimtfarbene Blüten.
Blüte: Juni bis September.
Früchte: Sehr dekorative Beeren, erst grün, später bläulich.
Verwendung: Für Randstreifen, Steingärten, Böschungen.
Pflanzzeit: Die aus Samen gezogenen Setzlinge werden im April ausgepflanzt.
Vermehrung: Durch Stecklinge zum Ende des Sommers, aus Samen im Winter.
Standort: Sonnig bis halbschattig.
Boden: Gute, fruchtbare, mit Torf und Sand gemischte Gartenerde.
Feuchtigkeit: Von April bis Oktober/November zwei- bis dreimal wöchentlich gießen, danach ein- bis zweimal monatlich.

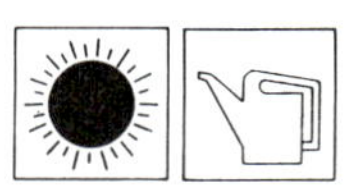

FUCHSIA (Fuchsie)

Familie: *Onagraceae*, Nachtkerzengewächse. Ihren botanischen Namen erhielt die Pflanze nach dem Naturwissenschaftler Dr. L. Fuchs (16. Jahrhundert).
Herkunft: Amerika und Neuseeland.
Beschreibung: Fuchsien sind kleine Bäume mit eiförmigen bis lanzettlichen, gestielten Blättern, die gegenständig, manchmal spiralig angeordnet und glatt bis gezähnt sind. Die Blüten wachsen einzeln aus der Blattachsel sowie endständig in Trauben. Sie haben einen langen Blütenkelch, der sich oben in vier Segmente teilt, sowie eine Krone mit vier Kronblättern. Es gibt jedoch auch gefüllte Arten. Blütenkelch und Krone sind unterschiedlich gefärbt, manchmal mit farblich starken Abweichungen, manchmal schwächer.
Blüte: Frühling, Sommer, Herbst – je nach Art.
Verwendung: Für die Terrasse in Gruppen oder einzeln sowie als Zimmerpflanze.
Vermehrung: Durch Stecklinge.
Standort: Schatten bis Halbschatten.
Boden: Jeder nahrhafte Gartenboden.
Feuchtigkeit: Regelmäßig, fast täglich gießen.

AMARYLLIS BELLA-DONNA (Belladonnalilie)

Familie: *Amaryllidaceae*, Amaryllisgewächse.
Herkunft: Südafrika, Kapregion.
Beschreibung: Pflanze mit großer Zwiebel. Etwa sieben bis neun rinnige, intensiv-grüne Blätter erscheinen erst nach der Blüte. Der Schaft trägt endständig bis 70 cm hoch drei bis zwölf glockenförmige, geneigte Blüten. Sie sind blaß- bis hellrosa und duften angenehm.
Blüte: Juli bis Oktober.
Verwendung: Für kleine Beete, Einzelgruppen, an Mauern, als Schnitt- und Topfblumen.
Pflanzzeit: Die Zwiebeln werden im späten Frühling gepflanzt. Die ersten Blüten kommen nach drei bis vier Jahren.
Vermehrung: Durch Abtrennen der kleinen Zwiebeln von der Hauptzwiebel alle vier bis fünf Jahre.
Standort: Sonnig.
Boden: Ohne besondere Eigenschaften, jedoch leicht und sandig, durchlässig.
Feuchtigkeit: Wenig gießen, ab April/Mai alle zwei Wochen. Nach der Blüte langsam reduzieren, dann ganz aufhören. Die Zwiebeln im Spätherbst ausgraben und bis Ende März geschützt lagern.

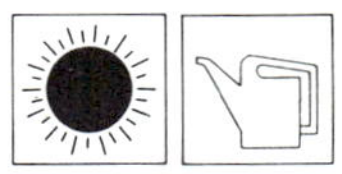

BRODIAEA

Familie: *Liliaceae*, Liliengewächse.
Herkunft: Westamerika, besonders Kalifornien.
Beschreibung: Krautiges, eher zartes Zwiebelgewächs mit langen, aufrechten, rinnigen Blättern und Blütenständen am Ende des bis 60 cm hohen Schafts. Die Blüten sind langstielig und haben eine trichterförmige Krone. Sie erscheinen in Gelb, Weiß, Blau, Rot, Purpur usw.
Blüte: Ab Juni.
Verwendung: Für Beete, kleine Gruppen, Randstreifen, hauptsächlich als Schnittblumen.
Pflanzzeit: Herbstanfang.
Vermehrung: Durch Abtrennung der kleinen Zwiebeln von der Hauptzwiebel.
Standort: Halbschatten bis sonnig (in kühleren Gebieten).
Boden: Leicht, frisch, mit Torf und Sand gemischt.
Feuchtigkeit: Während des Wachstums regelmäßig gießen. Bei dieser Pflanze ist besonders darauf zu achten, daß sich nie Staunässe bildet. Gute Durchlässigkeit ist daher wichtig.

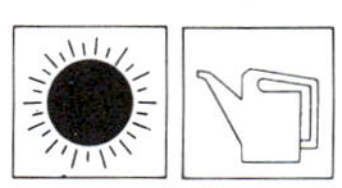

CLIVIA (Klivie)

Familie: *Amaryllidaceae*, Amaryllisgewächse. Ihren botanischen Namen erhielt die Pflanze nach der Herzogin Clive von Northumberland.
Herkunft: Südafrika.
Beschreibung: Ausdauernde, immergrüne Pflanze mit schwach ausgebildeten Zwiebeln und zungenförmigen Blättern, die in zwei Reihen neben dem Schaft angeordnet sind. Der Schaft trägt eine Dolde mit 20 bis 60 trichterförmigen Blüten mit sechs gleichen Abschnitten in Orangerot, Hellgelb, Rot und verschiedenen anderen Tönungen.
Blüte: Je nach Art Frühling, Herbst oder Winter.
Verwendung: Als Zimmerschmuck sind sie besonders haltbar, für Randstreifen und Terrassen.
Vermehrung: Durch Abtrennung der Nebentriebe von der Mutterpflanze.
Standort: Hell, aber nicht sonnig.
Boden: Normale Humuserde.
Feuchtigkeit: Im Frühling und Sommer reichlich gießen, wenig im Herbst und Winter.
Anmerkung: Die am meisten verbreitete Art ist *Clivia miniata* aus Natal. Sie hat große gelborange bis rötliche Blüten.

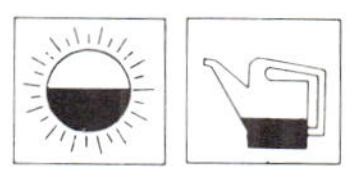

AMARYLLIS LONGIFOLIA (Langblättrige Amaryllis)

Familie: *Amaryllidaceae*, Amaryllisgewächse.
Herkunft: Südafrika, Kapregion.
Beschreibung: Pflanze mit brauner, länglicher Zwiebel, deren Durchmesser 20 bis 25 cm erreicht. Die Blätter sind gerade, meergrün, manchmal gelb gefleckt, etwa 70 cm lang und 6 bis 7 cm breit. Der Schaft ist über 1 m hoch und trägt einen Blütenstand von etwa zehn trichterförmigen, duftenden Blüten, die innen weiß und außen rosa sind.
Blüte: Juni bis August.
Verwendung: Für Beete, Einzelgruppen. Im Winter muß die Pflanze an einen gut belüfteten, trockenen Platz gestellt werden.
Pflanzzeit: November.
Vermehrung: Durch Abtrennen der jungen Zwiebeln während der Ruhezeit.
Standort: Sonnig im Freien, in Räumen sehr hell.
Boden: Humusreich, mit Sand vermischt.
Feuchtigkeit: Zu Beginn des Wachstums wenig gießen, danach jeden zweiten Tag bis zum Ende der Blüte, wenig bis die Blätter gelb werden, dann gar nicht mehr.

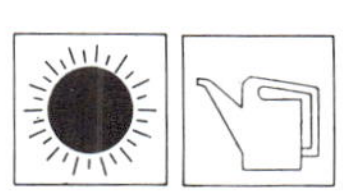

PELARGONIUM PELTATUM (Efeupelargonie)

Familie: *Geraniaceae*, Storchschnabelgewächse.
Herkunft: Südafrika, Kapregion, seit Anfang des 18. Jahrhunderts in Europa.
Beschreibung: Ausdauernde Pflanze mit kriechenden oder hängenden Zweigen. Die Blätter sind schildförmig, glatt und fleischig (sie erinnern an Efeublätter). Die Blüten sind unterschiedlich groß und in lockeren Dolden angeordnet. Sie blühen lila, rot, rosa, violett usw.
Blüte: Juli bis Herbst.
Verwendung: Für Balkon, Terrasse, Fensterbrett – überall, wo die Zweige frei herunterhängen können – in Töpfen und Blumenkästen.
Vermehrung: Durch Stecklinge im zeitigen Frühling oder Herbst.
Standort: Sonnig.
Boden: Humuserde, gemischt mit Torf und Sand oder lehmiger, gut gedüngter Boden ohne Kalk.
Feuchtigkeit: Häufig gießen, im Sommer täglich.

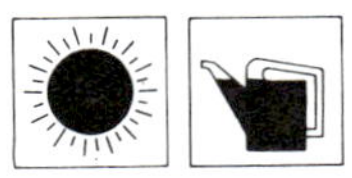

PELARGONIUM RADENS (Rosenpelargonie)

Familie: *Geraniaceae*, Storchenschnabelgewächse.
Herkunft: Südafrika, Kapregion; seit 1774 in Europa.
Beschreibung: Pflanze mit handförmig geteilten, oberseitig rauhen Blättern. Die Blüten sind blaß-purpur mit purpurroten Streifen und Tupfen. Die grünen Blätter strömen einen rosenartigen Duft aus.
Blüte: Von Juni bis Herbst.
Verwendung: Für Balkone, Terrassen, Eingänge, Beete.
Vermehrung: Durch Stecklinge im Frühling oder August.
Standort: Sonnig.
Boden: Humuserde, gemischt mit Sand und Lehm, ohne Kalk.
Feuchtigkeit: Häufig gießen, im Sommer täglich.

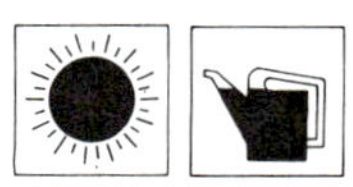

PELARGONIUM ZONALE (Zonalpelargonie)

Familie: *Geraniaceae*, Storchschnabelgewächse.
Herkunft: Südafrika; seit 1710 in Europa.
Beschreibung: Staudenartige, ausdauernde Pflanze mit bis zu 1 bis 2 m hohen, nicht sehr verzweigten Stengeln. Die Blätter sind wechselständig, rauh oder glatt, ziemlich groß, rund mit gezähnten Rändern und langem Stiel. In der Mitte haben sie meistens einen bräunlichen, hufeisenförmigen Streifen. Die Blüten sind einfach oder doppelt, mit länglichen Kronblättern, in Dolden angeordnet. Sie zeigen rote, weiße, rosa, rot-lila und andere Töne. Von *Pelargonium zonale* gibt es viele Hybriden.
Blüte: Ununterbrochen von Frühling bis Herbst.
Verwendung: Für Balkone, Terrassen, Hauseingänge sowie für Beetränder im Garten, hauptsächlich jedoch in Töpfen und Blumenkästen.
Vermehrung: Durch Stecklinge im Februar/März oder Juli bis September.
Standort: Sonnig, in Ausnahmefällen auch halbschattig.
Boden: Lehmig, gut gedüngt, nicht kalkhaltig. Am besten ist eine Mischung aus Humusboden, Torf und Sand.
Feuchtigkeit: Im Sommer täglich gießen.

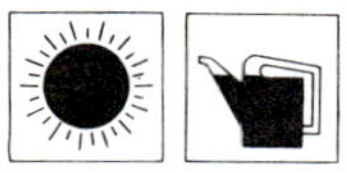

BELLIS PERENNIS ‚FLORE PLENO' (Tausendschön)

Familie: *Compositae*, Korbblütler.
Herkunft: Fast ganz Europa.
Beschreibung: Ausdauernde, krautige Pflanze, etwa 10 bis 20 cm hoch. Die Blätter sind in einer grundständigen Rosette angeordnet, glatt, manchmal mit einem Mittelnerv und stielartig verschmälert. Die Blütenköpfchen sind einzelständig, mit gelber Mitte und weißen oder rosa Zungenblüten. Es gibt sie in vielen Formen und Farben.
Blüte: April bis November, bei Züchtung auch ganzjährig.
Verwendung: Für Randstreifen, Böschungen, Abhänge, Terrassen, Wiesen sowie Blumentöpfe.
Pflanzzeit: Herbst.
Vermehrung: Durch Teilung der Wurzelballen im Herbst oder aus Samen, der im September in den Boden kommt.
Standort: Sonnig bis halbschattig.
Boden: Locker, leicht, sandig und gut gedüngt.
Feuchtigkeit: Regelmäßig gießen, besonders während der warmen Jahreszeit, danach weniger.

PRIMULA

Familie: *Primulaceae*, Primelgewächse.
Herkunft: Kühle bis kalte nördliche Hemisphäre.
Beschreibung: Einjährige oder ausdauernde Pflanze mit länglichen, mehr oder weniger gezähnten Blättern, in einer Grundrosette angeordnet. Der Schaft trägt eine oder mehrere Blüten an kurzen Stielen in den unterschiedlichsten Farben.
Blüte: Frühling.
Verwendung: Für Randstreifen, Beete, Steingärten, Rasenflächen, Terrassen, Blumentöpfe.
Pflanzzeit: Die aus Samen gezogenen Setzlinge werden im Herbst oder im folgenden Frühjahr ausgepflanzt.
Vermehrung: Durch Teilung der Wurzelballen gegen Sommerende oder aus Samen im April und Mai, der in lockeren, leichten Boden (Erde, Torf, Sand) gesät wird.
Standort: Halbschatten.
Boden: Sauer, locker, gut gedüngt und durchlässig.
Feuchtigkeit: Regelmäßig gießen. Der Boden muß immer frisch, darf aber nie naß sein. Nach der Blüte ein paar Monate lang wenig gießen.

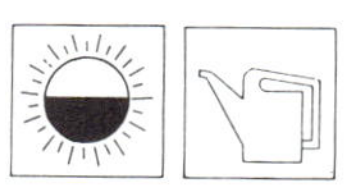

PETUNIA-HYBRIDEN (Petunie)

Familie: *Solanaceae*, Nachtschattengewächse.
Herkunft: Südamerika.
Beschreibung: Alle Garten-Petunien sind Züchtungen aus *Petunia violacea* aus Brasilien und *Petunia axillaris* aus Argentinien. Alle Züchtungen sind einjährig. Die Blätter sind wechselständig, länglich oder rund, ganzrandig. Die Blüten sind trichterförmig, gefüllt oder einfach, erscheinen in vielen Farben wie Weiß, Lila, Rot, Dunkelblau, Violett usw., sind mit feinen Nerven durchzogen, ein- oder mehrfarbig. Der Blütenrand ist gekräuselt oder gefranst.
Blüte: April bis Spätherbst.
Verwendung: Für Balkone, Terrassen, Fensterbänke, aber auch für Beete, Böschungen, Steingärten usw.
Pflanzzeit: Die aus Samen gezogenen Setzlinge werden nach einem Monat in den Blumentopf, Blumenkasten oder ins Freiland gepflanzt.
Vermehrung: Aus Samen von Januar bis März.
Standort: Sonnig.
Boden: Humusboden und Sand.
Feuchtigkeit: Regelmäßig etwa dreimal pro Woche mäßig gießen.

ARISTOLOCHIA (Pfeifenblume)

Familie: *Aristolochiaceae*, Osterluzeigewächse.
Herkunft: Tropen und Subtropen.
Beschreibung: Strauch oder Kletterstrauch, seltener krautige Pflanze. Die Blätter sind herzförmig, glatt, wechselständig. Die Blüten sind achselständig, teils einzeln, teils in kleinen Büscheln mit eiförmigen, nach unten länglichen Blüten.
Blüte: Frühling bis Sommer.
Verwendung: Für Mauern, Säulen, Baumstämme usw.
Vermehrung: Durch Aussaat im April im Anzuchtkasten, Stecklinge ganzjährig.
Standort: Halbschattig oder durch Bäume geschützt.
Boden: Fruchtbarer, frischer, durchlässiger Boden. Geeignet ist Gartenerde, gemischt mit Sand.
Feuchtigkeit: Im Sommer sehr reichlich gießen, sonst je nach Temperatur weniger.

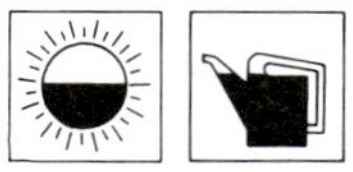

BOUGAINVILLEA GLABRA

Familie: *Nyctaginaceae*, Wunderblumengewächse. Ihren botanischen Namen erhielt die Pflanze nach dem französischen Weltumsegler Louis de Bougainville (1729 – 1811).
Herkunft: Brasilien.
Beschreibung: Kletterstrauch mit 10 bis 15 m langen, dornigen Trieben. Die Blätter sind glatt, am Rand gekräuselt, gestielt und lichtgrün. Die Blüten sind gelblich und unscheinbar, in Blütenständen zu dritt, umgeben von auffälligen Deckblättern in kräftigen Farben wie Rosa, Violett, Leuchtendrot, Mattrot.
Blüte: März bis August.
Verwendung: Wegen ihrer außerordentlich dekorativen Wirkung werden sie gern an Hauswänden, Zäunen sowie Mauern usw. gepflanzt. Hier gedeihen sie jedoch nur als Topfpflanzen.
Vermehrung: Durch Stecklinge im Frühjahr (Februar bis März). Die Anzucht ist schwierig.
Standort: Luftig, sonnig und warm. Im Winter müssen die Pflanzen hereingeholt werden.
Boden: Nahrhafte, durchlässige Einheitserde.
Feuchtigkeit: Während der Blütezeit reichlich gießen.

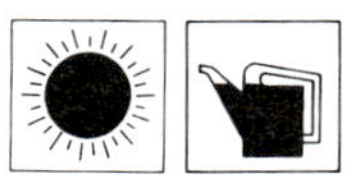

WISTERIA SINENSIS (Blauregen)

Familie: *Leguminosae*, Schmetterlingsblütler. Ihren botanischen Namen erhielt die Pflanze nach dem amerikanischen Anatom G. Wistar (18. – 19. Jahrhundert).
Herkunft: China; seit 1816 in Europa.
Beschreibung: Kletterpflanze mit wechselständigen, unpaarig gefiederten, stieligen Blättern. Die Fiedern sind eiförmig-lanzettlich, die jungen Blätter haben einen leichten Flaum. Die duftenden Blüten sind groß und blau, lila oder weiß, in Trauben angeordnet.
Blüte: Mai bis Juni.
Verwendung: Zur Bepflanzung von Mauern und Lauben, Zäunen, an Balkonen und Terrassen.
Vermehrung: Durch Ableger im Juni.
Standort: Sonnig.
Boden: Normale Gartenerde.
Feuchtigkeit: Regelmäßig gießen, häufiger, solange die Pflanze noch jung ist.
Anmerkung: Blauregen braucht zweimal im Jahr einen Rückschnitt: im Winter und im Sommer. Im Winter werden alle Jahrestriebe bis auf die letzten drei bis vier Knospen zurückgeschnitten, im Sommer die jungen Ranken bis auf etwa 20 bis 25 cm von der Hauptranke.

LATHYRUS ODORATUS (Wohlriechende Wicke)

Familie: *Leguminosae*, Schmetterlingsblütler. Es gibt viele Sorten duftender Wicken. Alle sind Züchtungen aus *Lathyrus odoratus*.
Herkunft: Italien, Sizilien; seit dem 18. Jahrhundert in ganz Europa verbreitet.
Beschreibung: Einjährige Rankenpflanze mit weit verzweigten Stengeln. Die Blätter haben vier bis acht Paare eiförmig-länglicher Seitenfiedern. Die Endfieder sowie die oberen Seitenfiedern sind zu Ranken umgebildet. Die langen Stiele tragen zwei bis drei Blüten in unterschiedlichen Farben von Weiß bis Rot, von Purpur bis Lila usw.
Blüte: Juni bis September.
Verwendung: Besonders schön für Lauben, Mauern, Balkone, Terrassen, direkt im Boden genauso wie in Blumenkästen.
Vermehrung: Aus Samen im Frühling.
Standort: Sonnig, luftig und feucht.
Boden: Gute Komposterde, locker, durchlässig, sauer bis neutral.
Feuchtigkeit: Nicht zu stark, aber oft und regelmäßig gießen. Der Boden darf nie ganz austrocknen.

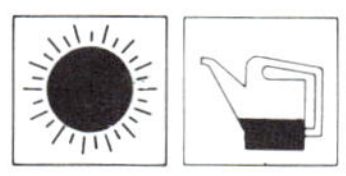

LONICERA SEMPERVIRENS (Heckenkirsche)

Familie: *Caprifoliaceae*, Geißblattgewächse.
Herkunft: Nordamerika; seit 1731 in Europa.
Beschreibung: Immergrüner Kletterstrauch, 6 bis 7 m hoch mit eiförmigen, blaugrünen, glatten Blättern, die unteren sind kurzgestielt, die oberen miteinander verwachsen. Die Blüten sind außen scharlachrot, innen gelblich sowie in endständigen Ähren angeordnet.
Blüte: Frühling bis Sommer.
Verwendung: Für Lauben, Mauern, Zäune.
Pflanzzeit: März oder Herbst.
Vermehrung: Aus Ablegern zum Frühlingsende, durch Stecklinge im August, aus Samen im Herbst.
Standort: Halbschattig bis schattig, kühl.
Boden: Fruchtbarer, durchlässiger Boden jeder Art.
Feuchtigkeit: Mehrmals wöchentlich mäßig gießen.

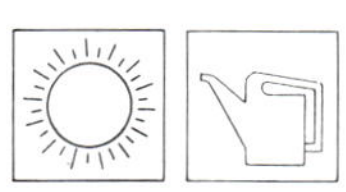

MOMORDICA CHARANTIA (Balsambirne)

Familie: *Cucurbitaceae*, Kürbisgewächse.
Herkunft: Tropische Regionen; seit dem 18. Jahrhundert in Europa.
Beschreibung: Krautige, einjährige Kletterpflanze mit Ranken und wechselständigen, handförmig geteilten, gezähnten, samtigen Blättern. Die Blüten sind gelblich, haben fünf Kronblätter und ein großes Deckblatt.
Blüte: Juni bis August.
Früchte: Länglich, warzig, anfangs grün, im September und Oktober bei voller Reife gelb-orange.
Verwendung: Für Mauern, Lauben, Baumstämme usw.
Pflanzzeit: Die aus Samen gezogenen Setzlinge werden Ende Mai ausgepflanzt.
Vermehrung: Im Frühjahr aus Samen im Frühbeet.
Standort: Sonnig.
Boden: Locker, leicht, nahrhaft und durchlässig.
Feuchtigkeit: Regelmäßig gießen, im Sommer häufiger.
Anmerkung: Diese Pflanze ist besonders wegen ihrer Früchte beliebt.

PARTHENOCISSUS QUINQUEFOLIA (Wilder Wein)

Familie: *Vitaceae*, Weinrebengewächse.
Herkunft: Nordwestamerika; seit der ersten Hälfte des 17. Jahrhunderts in Europa.
Beschreibung: Holziger, weitverzweigter Kletterstrauch, bis 15 m hoch und Bodendecker. Die jungen Zweige sind rötlich und zylindrisch. Die Blätter sind undurchsichtig, dunkelgrün und fünfzählig gefingert. Die Blütenstände sind unscheinbar, die dunklen Beeren eine beliebte Vogelnahrung. Im Herbst färbt sich das Laub leuchtendrot und gelb.
Blüte: Juni.
Früchte: Die schwärzlichen Beeren sind im Herbst reif.
Verwendung: Für Mauern, Hauswände, Lauben usw.
Vermehrung: Durch Stecklinge auf drei Augen oder Ableger im Herbst.
Standort: Am besten halbschattig, aber auch schattig oder sonnig.
Boden: Gut gedüngte Gartenerde.
Feuchtigkeit: Regelmäßig reichlich gießen. Der Boden muß immer frisch sein, aber nie naß.

MYOSOTIS (Vergißmeinnicht)

Familie: *Boraginaceae*, Rauhblattgewächse. Der botanische Name der Pflanze stammt aus dem Griechischen und bedeutet Mauseohr. Die Bezeichnung bezieht sich auf die Blattform.
Herkunft: Myosotis gibt es in etwa 50 verschiedenen Arten, die besonders in Europa und Australien verbreitet sind, und zwar in Regionen mit mildem Klima.
Beschreibung: Ausdauernde Pflanze, die kleinblättrige Art einjährig. Die Blätter sind kräftig-grün, teils sitzend, teils mit kurzem Stiel, variierend zwischen eiförmig, lanzettlich und spatelig, behaart. Die kleinen Blüten haben fünf Kronblätter, die in endständigen Trauben wachsen. Die Blüten sind hellblau, blau, hellrosa oder weiß.
Blüte: Frühling bis Sommer.
Verwendung: Für Randstreifen, Beete, Steingärten, auch als Topfpflanze für den Balkon.
Pflanzzeit: Die aus Samen gezogenen Setzlinge werden im Herbst ausgepflanzt und blühen im folgenden Frühling.
Vermehrung: Aus Samen im Sommer.
Standort: Halbschatten.
Boden: Jeder frische, humos-lehmige Boden.
Feuchtigkeit: Reichlich und regelmäßig gießen, in der heißen Jahreszeit täglich.

EPIPHYLLUM (Blattkaktus)

Familie: *Cactaceae*, Kakteengewächse.
Herkunft: Mittel- und Südamerika.
Beschreibung: Kaktuspflanze mit langen, flachen Blättern mit bogigen oder gezähnten Rändern sowie stark ausgeprägtem Mittelnerv. Die Blüten wachsen direkt aus den seitlichen Einbuchtungen der Abschnitte und sind weiß, rosa, gelb oder rot.
Blüte: Frühling bis Sommer.
Verwendung: Ideal als Topfplanze für Terrasse, Balkon und Wohnung.
Vermehrung: Durch etwa 10 cm lange, junge Blattstükke. Vor dem Einpflanzen in eine Mischung aus Blatterde, Sand und Holzkohlenasche die Schnittstelle gut trocknen lassen.
Standort: Im Topf halbschattig. Im Winter Töpfe ins Warme bringen und ebenfalls halbschattig stellen.
Boden: Lauberde mit gewaschenem Sand.
Feuchtigkeit: Im Sommer nicht zu wenig gießen, gelegentlich besprühen. Im Winter nur gelegentlich besprühen.

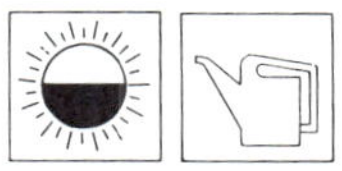

CAMELLIA (Kamelie)

Familie: *Teaceae*, Teegewächse. Ihren botanischen Namen erhielt die Pflanze nach dem Jesuiten-Pater Camellus (17. Jahrhundert).
Herkunft: Ostasien.
Beschreibung: Bis 15 m hohe Sträucher oder Bäume. Die Blätter sind lederig, dunkelgrün, kurzstielig, eiförmig-spitzig, an den Rändern gezähnt und wechselständig. Die Einzelblüten haben einfache oder gefüllte Kronen und erscheinen weiß, rot, rosa, purpur, manchmal gesprenkelt. Das Foto zeigt *Camellia japonica*.
Blüte: Januar bis Mai, je nach Art.
Verwendung: Als Terrassenpflanze, um farbige Akzente zu setzen. Kleine Arten werden auch als Zimmerpflanzen im Topf angeboten. Ihre Lebensdauer ist jedoch begrenzt.
Vermehrung: Durch Ableger, Stecklinge oder aus Samen.
Standort: Halbschatten. Sonnig nur, wenn die Blätter öfter besprüht werden bzw. genügend Luftfeuchtigkeit vorhanden ist.
Boden: Humusboden mit ein Viertel Sand, kalkfrei.
Feuchtigkeit: Im Sommer täglich gießen. Der Boden darf niemals ganz austrocknen.

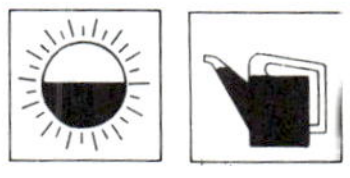

HEDERA HELIX ‚ORO DI BOGLIASCO' (Efeu)

Familie: *Araceae*, Aronstabgewächse.
Herkunft: Europa.
Beschreibung: Immergrüner Kletterstrauch mit Haftwurzeln, mit denen er sich am Untergrund festhält. Die Blätter sind lederig, langstielig und gegenständig. Sie kommen in zwei verschiedenen Formen vor: Die nichtblühenden Zweige haben handförmige, drei- bis fünflappige Blätter, die blühenden haben ganzrandige, eiförmige bis breitlanzettliche Blätter. Die Blüten sind unscheinbar, grünlich, in langgestielten Kolben angeordnet. *Hedera helix* gibt es in vielen Spielarten.
Blüte: August bis Oktober.
Verwendung: Für Mauern, Hauswände, Lauben, Ampeln, als Bodendecker. Kleine Arten als Zimmerpflanzen.
Vermehrung: Durch Stecklinge im April. Vor dem Einpflanzen muß der Steckling in Wasser oder Sand Wurzeln bilden.
Standort: Halbschatten bis Schatten.
Boden: Normale Gartenerde mit etwas Torf.
Feuchtigkeit: Regelmäßig leicht gießen. Die Erde muß immer frisch, darf aber niemals naß sein.

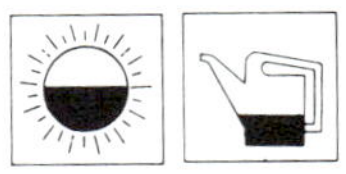

IPOMOEA (Prunkwinde)

Familie: *Convolvulaceae*, Windengewächse.
Herkunft: Tropen und Subtropen mit etwa 400 Arten.
Beschreibung: Einjährige oder ausdauernde Kräuter oder Stauden mit meist windenden Sprossen und wechselständigen, herzförmigen, teils ganzrandigen, teils gelappten Blättern. Die Blüten sind groß, gestielt, mit trichterförmiger Krone, die Ränder gefältelt. Sie blüht weiß, blau, rot oder in verschiedenen Rosatönen.
Blüte: Sommer bis Herbst.
Verwendung: Für Spaliere, Mauern, Pfosten, als Sichtschutz usw.
Pflanzzeit: Anfang März unter Glas in Töpfen, Ende Mai kommt der Samen direkt ins Freiland.
Vermehrung: Aus Samen im Frühjahr.
Standort: Sonnig.
Boden: Normale Gartenerde, nährstoffreich, aber nicht überdüngt.
Feuchtigkeit: Oft gießen, im Sommer täglich, aber nicht zu reichlich.

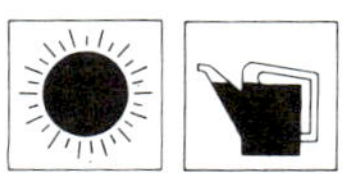

GLORIOSA ROTHSCHILDIANA (Ruhmeskrone)

Familie: *Liliaceae*, Liliengewächse.
Herkunft: Tropisches Afrika.
Beschreibung: Kletterpflanze mit Sproßknollen, bis 2 m hoch. Die Blätter sind lanzettlich, leuchtendgrün und mit Blattranken versehen, mit denen sie sich an Rankhilfen festhalten. Die Einzelblüten haben sechs lanzettliche, gekräuselte, nach innen gewölbte Kronblätter sowie lange Staubfäden mit großen Staubbeuteln. Sie sind feurig dunkelrot mit gelbem Saum.
Blüte: Juni bis August.
Verwendung: Als Schmuck an geschützten Stellen für Garten, Balkon, Terrasse, Mauern, Säulen, Zäune.
Vermehrung: Aus Samen im Frühling (nur im Gewächshaus möglich), durch Teilen der Knollen im Frühjahr.
Standort: Sonnig, warm und windgeschützt. Nur in Kübeln, damit die Pflanze bei Kälte ins Warme gebracht werden kann.
Boden: Fruchtbarer Boden mit etwas Sand.
Feuchtigkeit: Oft, aber mäßig gießen, nach der Blüte nicht mehr.

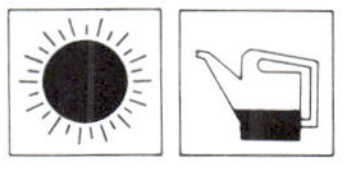

JASMINUM OFFICINALE (Jasmin)

Familie: *Oleaceae*, Ölbaumgewächse. Der botanische Name stammt von dem arabisch-persischen Wort *yasmin*, was vermutlich weiße Blume bedeutet.
Herkunft: Persien; in Europa seit 1550.
Beschreibung: Holziger, 2 bis 4 m hoher Strauch mit grünen, kantigen Ästen. Die Blätter sind gegenständig, fünf- bis siebenzählig gefiedert, lichtgrün. Die Blüten sind weiß, stark duftend, in kleinen endständigen Trauben angeordnet.
Blüte: Juni bis September.
Verwendung: Für Lauben, Hütten, Mauern, Säulen usw. sowie als Topfpflanze.
Vermehrung: Durch krautige Stecklinge oder Ableger im Herbst.
Standort: Warm und sonnig.
Boden: Leicht, humos, mit etwas Sand.
Feuchtigkeit: Regelmäßig, nicht zu reichlich gießen. Im Freien einmal wöchentlich, im Blumentopf zweimal.
Anmerkung: Nach der Blüte muß die Pflanze zurückgeschnitten werden. Dann blühen die jungen Zweige im kommenden Jahr um so üppiger.

PRIMULA SPECTABILIS

Familie: *Primulaceae*, Primelgewächse.
Herkunft: Italien, Ostalpenregion.
Beschreibung: Krautige Pflanze mit kräftigem Stengel, etwa 15 cm hoch mit eiförmigen bis länglichen, glänzendgrünen Blättern. Die Blüten sind rosa-violett oder hellpurpur, endständig in Blütenständen von ein bis sieben Blüten mit langen Kronröhren.
Blüte: April bis Mai.
Verwendung: Für Steingärten, kleine Beete, Randstreifen, Terrassen.
Pflanzzeit: September bis Oktober.
Vermehrung: Durch Teilung im Herbst oder aus Samen im Frühling.
Standort: Halbschatten.
Boden: Locker, leicht, sauer, mit Sand und Lauberde gemischt.
Feuchtigkeit: Regelmäßig gießen. Staunässe vermeiden.

THUNBERGIA ALATA (Schwarzäugige Susanne)

Familie: *Acantaceae*, Bärenklauengewächse. Die Pflanze erhielt ihren Namen nach dem Botaniker Thunberg.
Herkunft: Südostafrika.
Beschreibung: Krautige, einjährige Kletterpflanze, selten höher als 1 m, mit gegenständigen, herzförmigen, kaum gezähnten Blättern. Die Blüten sind groß, haben eine gebogene Kronröhre und fünf gelbe Kronblätter sowie die charakteristische schwärzliche Mitte.
Blüte: Juni bis September.
Verwendung: Für Geländer, Lauben, Zäune, Spaliere, Terrassen.
Vermehrung: Aus Samen, der im Frühjahr in kleine torfgefüllte Töpfe kommt. Die Setzlinge werden nicht vor Ende Mai ausgepflanzt.
Standort: Hell, warm, vollsonnig.
Boden: Leichte, gedüngte Gartenerde, die mit etwas Sand durchlässiger gemacht wird.
Feuchtigkeit: Regelmäßig gießen, im Sommer häufiger. Staunässe vermeiden.
Anmerkung: Es gibt unterschiedliche Sorten mit Blüten in den Farben Gelb, Orange, Weiß usw.

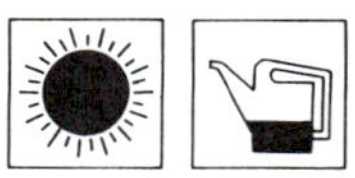

CHRYSANTHEMUM-INDICUM-HYBRIDE

Familie: *Compositae*, Korbblütler.
Beschreibung: Es gibt viele Züchtungen, und jedes Jahr kommen neue hinzu. Sie stammen überwiegend von zwei Arten ab: einer aus China und einer aus Japan, *Chrysanthemum morifolium* und *Chrysanthemum indicum*. Seit der zweiten Hälfte des 18. Jahrhunderts sind sie in Europa zu finden. Es sind ausdauernde, verzweigte Pflanzen, etwa 1 m hoch. Die fiederspaltigen Blätter sind behaart und bläulich-grün. Die Blütenkörbe sind end- oder achselständig mit gelber Mitte und linealen Zungenblüten in vielen Farben. Die durch Züchtung entstandenen Arten sind meistens gefüllt, mit langen Zungenblüten in verschiedenen Formen und Farben. Die Hauptfarben sind Weiß, Rot, Purpur, Gelb, Rosa.
Blüte: Je nach Sorte August bis Oktober.
Verwendung: Hauptsächlich als Schnittblumen, aber auch für Beete und Randstreifen.
Pflanzzeit: Frühling.
Vermehrung: Durch Stecklinge, durch Ableger, die sich an der Mutterpflanze bilden, oder aus Samen im Frühling.
Standort: Sonne bis Halbschatten.
Boden: Jeder gut gedüngte lockere Boden.
Feuchtigkeit: Regelmäßig zwei- bis dreimal pro Woche gießen.
Anmerkung: Um an einer Pflanze einen oder zwei bis drei Blütenkörbe zu bekommen, sind graduelle Rückschnitte nötig.

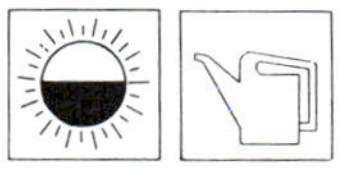

LIMONIUM SINUATUM (Meerlavendel, Statice)

Familie: *Plumbaginaceae*, Bleiwurzgewächse.
Herkunft: Nordafrika, Palästina; seit Mitte des 17. Jahrhunderts in Europa.
Beschreibung: Einjährig gezogene, 60 bis 80 cm hohe Pflanze mit sehr kantigen, an den Rändern welligen Stengeln. Die Blätter sind länglich, etwas stachelspitzig, die Blüten hellgelb, weißlich, blau, rot mit blauem oder rötlichem Rand, angeordnet in waagrechten Ähren.
Blüte: Sommer.
Verwendung: Für Beete, Randstreifen, kleine Gruppen, Steingärten sowie als Schnittblumen für Trockensträuße.
Pflanzzeit: Frühling.
Vermehrung: Aussaat in Töpfe.
Standort: Vollsonnig.
Boden: Normale, etwas trockene Gartenerde, die mit Torf und Sand aufgelockert wird.
Feuchtigkeit: Regelmäßig gießen, höchstens jedoch zwei- bis dreimal pro Woche.

LYSIMACHIA NUMMULARIA (Pfennigkraut)

Familie: *Primulaceae*, Primelgewächse. Der Name *Lysimachia* stammt vermutlich von Lysimachos, König von Thrakien und Naturforscher (um 361 – 281 v. Chr.).
Herkunft: Europa.
Beschreibung: Ausdauernde Pflanze, teils kriechend, teils rankend, mit gegenständigen, glatten, ganzrandigen, eiförmigen Blättern mit kurzen Stielen. Die Blüten sind gelb, achselständig, stehen einzeln oder zu zweit und haben fünf große Kronblätter.
Blüte: Mai bis Juli.
Verwendung: Für Terrassen, Mauern, Beetränder.
Pflanzzeit: Frühling oder Herbst.
Standort: Halbschattig bis sonnig. Pfennigkraut wächst notfalls auch im Schatten von Büschen und an relativ feuchten Orten.
Boden: Normale Gartenerde, mit Lauberde und etwas Sand gemischt.
Feuchtigkeit: Fast täglich kräftig gießen, besonders im Frühling und Sommer.

MATRICARIA PERFORATA (Mutterkraut)

Familie: *Compositae*, Korbblütler.
Herkunft: Europa, wildwachsend und als Kulturpflanze anzutreffen.
Beschreibung: Ein- oder zweijähriges, etwa 30 bis 35 cm hohes Kraut mit wechselständigen, zweifach fiederschnittigen Blättern mit länglichen Abschnitten. Einzelköpfe auf langen Stielen mit weißen Zungen- und gelben Röhrenblüten, manche sind auch ganz weiß.
Blüte: Juni bis Oktober.
Verwendung: Für Beetränder und große Terrassen.
Vermehrung: Aus Samen im Herbst oder Frühling.
Standort: Vollsonnig bis vorwiegend sonnig.
Boden: Normale Gartenerde.
Feuchtigkeit: Regelmäßig gießen, im Sommer häufiger.

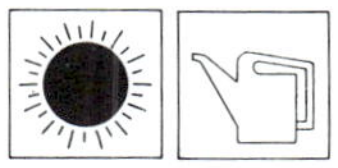

DOROTHEANTHUS BELLIDIFORMIS (Mittagsblume)

Familie: *Aizoaceae*, Mittagsblumengewächse.
Herkunft: Südafrika.
Beschreibung: Einjährige Pflanze, die nur wenige Zentimeter hoch wird und buschig wächst. Die Blätter sind klein, lanzettlich, kräftiggrün. Die Blüten sind 3 bis 4 cm groß, kurzstielig, die Kronblätter lineal und, je nach Art, violett, weiß, rosa, gelb oder purpur.
Blüte: Juli bis September.
Verwendung: Für Randstreifen, Balkone und Terrassen.
Pflanzzeit: Die aus Samen gezogenen Setzlinge werden im Mai ausgepflanzt.
Vermehrung: Aus Samen, die im März oder April ins warme Frühbeet gesät werden.
Standort: Sonnig und trocken.
Boden: Mager und sandig.
Feuchtigkeit: Selten, aber regelmäßig gießen.

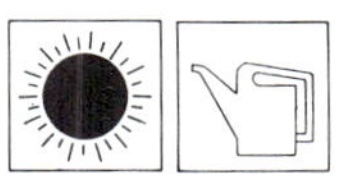

ZEPHYRANTHES GRANDIFLORA

Familie: *Amaryllidaceae*, Amaryllisgewächse.
Herkunft: Mexiko; seit Anfang des 19. Jahrhunderts in Europa.
Beschreibung: Krautiges Zwiebelgewächs mit drei bis sechs linealischen, hellgrünen Blättern. Der Stengel ist rund und hohl, etwa 20 cm hoch und trägt eine glockenförmige, rosa Blüte mit gelbem Kelch.
Blüte: April bis Juli.
Verwendung: Für Randstreifen, Beete, Steingärten, Einzelgruppen, Terrassen.
Pflanzzeit: Die Zwiebeln kommen im Herbst in den Boden und brauchen Winterschutz.
Vermehrung: Durch Trennung der Zwiebeln während der Ruhezeit im Winter.
Standort: Sonnig bis halbschattig.
Boden: Gartenerde, mit Lauberde und Sand vermischt, um das Substrat durchlässig zu machen.
Feuchtigkeit: Während des Wachstums regelmäßig gießen, dann langsam reduzieren und ganz aufhören, wenn die Blätter gelb sind.
Anmerkung: Im Spätherbst die Zwiebeln ausgraben, kühl und trocken überwintern.

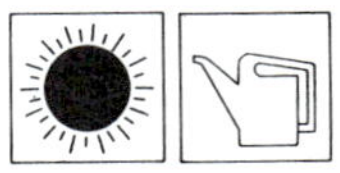

ZEPHYRANTHES CANDIDA

Familie: *Amaryllidaceae*, Amaryllisgewächse.
Herkunft: Südamerika.
Beschreibung: Krautiges Zwiebelgewächs mit wenigen fast stielrunden, kräftiggrünen Blättern, etwa 30 cm lang. Die 20 cm hohe Blüte ist weiß und hat sechs Kronblätter, eine grüne Kronröhre und einen unterständigen Fruchtknoten.
Blüte: Juli bis Oktober.
Verwendung: Für Blumenkästen und Töpfe, Randstreifen, Einzelgruppen, Böschungen, Steingärten, Unterholz, Terrassen.
Pflanzzeit: Die Zwiebeln werden im Herbst gepflanzt und brauchen Winterschutz.
Vermehrung: Durch Trennung der Zwiebeln nach der Blüte.
Standort: Sonnig bis halbschattig.
Boden: Leicht und durchlässig – eine Mischung aus Gartenerde, Sand und Lauberde.
Feuchtigkeit: Regelmäßig, aber nicht zu reichlich gießen. Der Boden muß frisch, aber niemals naß sein.
Anmerkung: Im Spätherbst die Zwiebeln ausgraben, kühl und trocken überwintern, unter Frostschutz in milden Lagen draußen lassen.

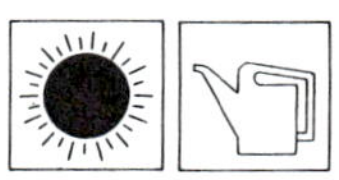

GENTIANA LUTEA (Enzian)

Familie: *Gentianaceae*, Enziangewächse.
Herkunft: Hochgebirgsweiden im Alpenraum.
Beschreibung: Ausdauernde Pflanze mit aufrechtem Stengel, manchmal bis zu 1,5 m hoch, meistens aber etwa 60 cm. Die Blätter sind eiförmig bis breit-elliptisch, zugespitzt, sitzend. Die Blüten sind gelb und groß, sie befinden sich an kurzen Stielen in den Achseln der oberen Blätter und in Büscheln an der Stengelspitze.
Blüte: Juli bis August.
Erntezeit: September bis Oktober.
Verwendung: Die zweijährigen Wurzeln verwendet man für Pulver, Sirup, Tinkturen usw.
Produkte: Magenbitter, Schnaps, Fiebermittel.
Vermehrung: Aus Samen oder durch Teilung im Herbst.
Standort: Sonnig.
Boden: Tief, ziemlich feucht.
Feuchtigkeit: Regelmäßig und häufig gießen. Den Boden immer frisch halten.

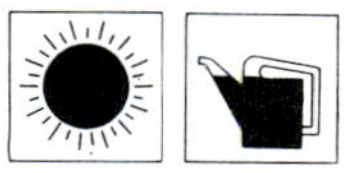

PAEONIA SUFFRUTICOSA (Strauchpäonie)

Familie: *Paeoniaceae*, Päoniengewächse.
Herkunft: Nordwestchina.
Beschreibung: Bis 2 m hoher, sparrig verzweigter Strauch mit großen, breit gefiederten, glatten Blättern, die unterseits heller sind. Die Blüten sind bis 16 cm breit, einfach oder gefüllt; die Pflanze kommt in vielen Farben und Sorten vor.
Blüte: Mai bis Juni.
Verwendung: Als Schnittblume oder Einzelgruppen.
Vermehrung: Durch Ableger im Juni, besser durch Veredelung.
Standort: Halbschatten. Die Pflanze verträgt niedrige Temperaturen und eignet sich daher gut für kältere Gebiete.
Boden: Normale Gartenerde, gemischt mit Heideboden.
Feuchtigkeit: Regelmäßig mehrmals pro Woche gießen, häufiger, wenn die Pflanze sonnig steht.

BEGONIA (Knollenbegonie)

Familie: *Begoniaceae*, Schiefblattgewächse.
Beschreibung: Reichblühende Zuchtpflanze in den verschiedensten Sorten mit großer Knolle, mit aufrechten, fleischigen Stengeln und wechselständigen, gestielten, dunkelgrünen, unregelmäßig gelappten Blättern. Die Einzelblüten sind einfach oder gefüllt, ohne Kronen, aber mit großen, intensiv gefärbten Kelchblättern in weiß, rot, scharlachrot, gelb usw.
Blüte: Frühjahr bis Herbst.
Verwendung: Für Beete und Terrassen, besonders als Zimmerpflanze.
Pflanzzeit: Frühling.
Vermehrung: Aus Samen sowie durch Teilung der Knollen im Frühling.
Standort: Halbschattig bis schattig, einzelne Sortengruppen sehr hell.
Boden: Walderde, gemischt mit kompostiertem Stallmist und Sand.
Feuchtigkeit: Während der warmen Jahreszeit regelmäßig leicht gießen. Gegen Ende der Blüte langsam reduzieren. Wenn die Blätter gelb werden, ganz aufhören. Danach die Knolle ausgraben, im Freien trocknen lassen und anschließend kühl und trocken im Keller unter Sand überwintern.

EUPHORBIA FULGENS (Euphorbie)

Familie: *Euphorbiaceae*, Wolfsmilchgewächse.
Herkunft: Mexiko; seit 1836 in Europa.
Beschreibung: Kleiner Strauch mit Milchsaft und grünen, zylindrischen, gebogenen Stengeln. Die Blätter sind wechselständig, lanzettlich, mit langen Stielen, dunkelgrün. Die Blütenstände sind achselständig, die winzigen Kronen von orangeroten Deckblättern umgeben.
Blüte: Winter bis Frühling.
Verwendung: Ideal für Haus und Terrasse.
Vermehrung: Durch Stecklinge.
Standort: Wintergarten oder andere sonnige, warme Plätze.
Boden: Zwei Drittel Heideboden, ein Drittel Sand.
Feuchtigkeit: Bis zur Blüte reichlich gießen, dann langsam reduzieren bis zum Rückschnitt im Mai.

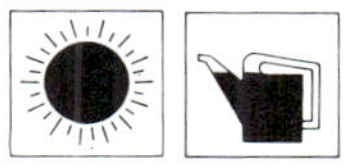

CHRYSANTHEMUM-INDICUM-HYBRIDE

Familie: *Compositae*, Korbblütler.
Herkunft: Kreuzung vermutlich aus *Chrysanthemum moxifolium* und *Chrysanthemum indicum*.
Beschreibung: Nicht alle Sorten sind gefüllt, einige Chrysanthemen sind auch einfach (siehe Foto). Sie existieren in vielen Farbtönen, zumeist in Weiß, Gelb, Purpur, Rosa.
Blüte: August bis November.
Verwendung: Als Schnittblumen, für Beete, Randstreifen usw.
Pflanzzeit: Frühling.
Vermehrung: Durch Stecklinge, durch Ableger, die sich an der Mutterpflanze bilden, oder aus Samen im Frühling.
Standort: Sonne bis Halbschatten.
Boden: Locker und gut gedüngt.
Feuchtigkeit: Regelmäßig zwei- bis dreimal wöchentlich gießen.

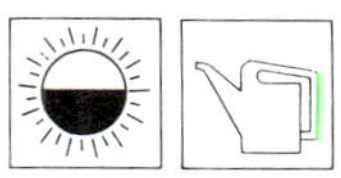

CENTAUREA DEALBATA (Flockenblume)

Familie: *Compositae*, Korbblütler.
Herkunft: Kaukasus, Iran; seit Anfang des 19. Jahrhunderts in Europa.
Beschreibung: Ausdauernde, bis 80 cm hohe Pflanze mit aufrechten, locker verzweigten Stengeln. Die Blätter sind unterseits grau, die grundständigen ziemlich groß und unpaarig gefiedert mit lanzettlichen Fiedern. Die Köpfchen sind rosa mit weißlicher oder hellrosa Mitte.
Blüte: Juni bis Juli.
Verwendung: Für Randstreifen, Beete, Böschungen und Abhänge, Steingärten, Terrassen.
Vermehrung: Durch Teilung der Wurzelballen zum Ende der Blüte oder aus Samen, der im Frühling ins Freiland ausgesät wird.
Standort: Sonnig oder an sehr hellen Plätzen.
Boden: Normale, lockere, leichte Gartenerde.
Feuchtigkeit: Regelmäßig gießen, Staunässe vermeiden.

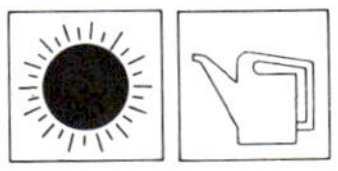

CHRYSANTHEMUM MAXIMUM (Große weiße Sommermargerite)

Familie: *Compositae*, Korbblütler.
Herkunft: Pyrenäen.
Beschreibung: Ausdauernde, bis 1 m hohe Pflanze. Die Blätter sind spatelförmig, oben gezähnt und nach unten stielartig verschmälert. Die Köpfe haben einen Durchmesser von 6 bis 8 cm und große weiße Zungenblüten.
Blüte: Juli bis August.
Verwendung: Als Schnittblumen, für Randstreifen und kleine Beete.
Pflanzzeit: Frühling.
Standort: Sonnig bis halbschattig.
Boden: Normale Gartenerde, locker, gut gedüngt.
Feuchtigkeit: Regelmäßig gießen, Staunässe vermeiden.

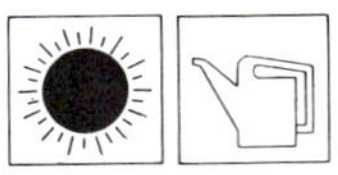

PARTHENOCISSUS TRICUSPIDATA

Familie: *Vitaceae*, Weinrebengewächse.
Herkunft: Japan; seit 1868 in Europa.
Beschreibung: Kletterstrauch, 8 bis 10 m hoch, mit dünnen Ranken und Haftscheiben. Die Blätter sind langstielig, ganzrandig-elliptisch bis glatt dreilappig, grün, glatt, glänzend, im Herbst rot. Die Blüten mit strahlig ausgebreiteten Kronblättern sind unscheinbar.
Blüte: Juni bis Juli.
Verwendung: Ideal für Mauern, Hauswände, Terrassen.
Vermehrung: Durch Stecklinge und Ableger.
Standort: Halbschatten oder Schatten.
Boden: Tief, ohne besondere Eigenschaften.
Feuchtigkeit: Regelmäßig gießen – reichlicher, wenn die Pflanze noch jung ist und wenig Wurzeln hat.

SOLANUM WENDLANDII (Nachtschatten)

Familie: *Solanaceae*, Nachtschattengewächse.
Herkunft: Costa Rica; in Europa seit 1882.
Beschreibung: Kletterpflanze mit glatten Blättern, die oberen sind lanzettlich, die mittleren dreilappig, die unteren vier- bis sechspaarig gefiedert. Die Blüten sind blaulila, endständig an hängenden Rankenästen.
Blüte: August.
Verwendung: Für Lauben, Mauern, Spaliere, Terrassen.
Pflanzzeit: Frühling.
Vermehrung: Durch Stecklinge im August.
Standort: Sehr luftig, im Winter gut vor Kälte schützen.
Boden: Lockerer, tiefer Boden, zu zwei Dritteln Komposterde, zu einem Drittel Heideboden und Sand.
Feuchtigkeit: Kräftig gießen, im Sommer sehr häufig.

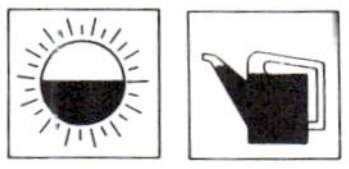

HYMENOCALLIS NARCISSIFLORA

Familie: *Amaryllidaceae*, Amaryllisgewächse.
Herkunft: Peru, Bolivien; in Europa seit 1794.
Beschreibung: Pflanze mit hellgrünen, lineal-lanzettlichen Blättern, der Stengel ist eckig, 40 bis 80 cm hoch, hat eine endständige Dolde weißer, duftender Blüten mit langer Kronröhre, sechs langen, schmalen Kronzipfeln sowie im Schlund eine becherförmige Nebenkrone mit sechs Staubfäden.
Blüte: Juni bis Juli.
Verwendung: Für Wohnung, Wintergarten, Terrasse.
Pflanzzeit: Frühling.
Vermehrung: Durch Abtrennen der Jungzwiebeln von der Hauptzwiebel im Frühling.
Standort: Hell, windgeschützt.
Boden: Normale Gartenerde, Dünger und Heideboden.
Feuchtigkeit: Regelmäßig gießen von Beginn des Wachstums bis zum Ende der Blüte, weniger, bis die Blätter gelb werden, während der Ruhezeit gar nicht.

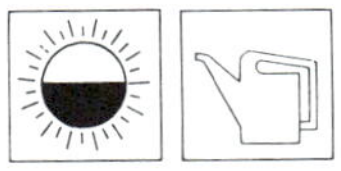

DICENTRA SPECTABILIS (Tränendes Herz)

Familie: *Papaveraceae*, Mohngewächse.
Herkunft: China; in Europa seit Beginn des 19. Jahrhunderts.
Beschreibung: Ausdauernde, krautige Pflanze mit stark verzweigten, blattreichen Stengeln, 60 bis 80 cm hoch. Die Blätter sind gestielt und gefiedert, mit fiederteiligen Abschnitten. Die Blüten sind karminrot, weiß oder rosa, hängend, herzförmig und in langen, waagerechten, leicht gebogenen Trauben angeordnet.
Blüte: April bis Juni.
Verwendung: Für Balkone, Terrassen, kleine Beete, Randstreifen sowie Einzelgruppen.
Pflanzzeit: Oktober.
Vermehrung: Durch Teilung des Wurzelstocks im Herbst.
Standort: Halbschattig, nicht zu warm, feucht und frisch.
Boden: Lockere, durchlässige Mischung aus Gartenerde, Sand und Torf.
Feuchtigkeit: Bis Ende Juli regelmäßig, fast täglich gießen, danach reduzieren und dann ganz aufhören, da die Pflanze während der Ruhezeit einzieht.

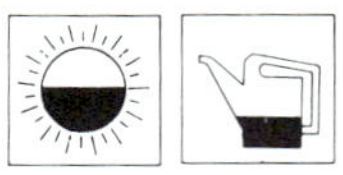

HYPERICUM CALYCINUM (Johanniskraut)

Familie: *Hypericaceae*, Hartheugewächse.
Herkunft: Kleinasien und Griechenland; in ganz Europa verbreitet seit Mitte des 17. Jahrhunderts.
Beschreibung: Ausdauernder Bodendecker, etwa 30 cm hoch mit kantigen Ästen, eiförmigen, ganzrandigen, lederigen, gegenständigen, dunkelgrünen Blättern. Die Blüte ist einzelständig, gelb mit einem dichten Büschel langer Staubgefäße.
Blüte: Juni bis September.
Verwendung: Für Ampeln, Böschungen, Beete, Ränder, Balkone und Terrassen.
Pflanzzeit: Wenn Stecklinge halb ausgereift sind.
Vermehrung: Durch halbholzige Stecklinge, die gegen Sommerende ins Frühbeet kommen.
Standort: Sonnig bis halbschattig.
Boden: Fruchtbare, saure Gartenerde.
Feuchtigkeit: Regelmäßig gießen.

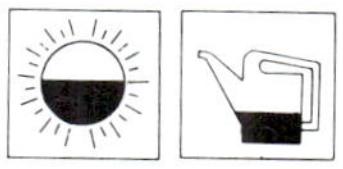

IBERIS SEMPERVIRENS (Schleifenblume)

Familie: *Cruciferae*, Kreuzblütler.
Herkunft: Mittelmeerraum; in ganz Europa verbreitet seit dem 18. Jahrhundert.
Beschreibung: Immergrüne, ausdauernde Polsterpflanze, etwa 20 bis 30 cm hoch mit lanzettlichen, glatten, fleischigen, kräftiggrünen Blättern. Die Blüten sind weiß, in Trauben angeordnet, die während der Blüte länger werden.
Blüte: April bis Mai.
Verwendung: Ideal am Rand von Terrassen, wo die Polster dekorativ überhängen.
Vermehrung: Durch Stecklinge im Sommer.
Standort: Sonnig bis halbschattig.
Boden: Normale Gartenerde, locker, leicht, gut gedüngt.
Feuchtigkeit: Regelmäßig alle zwei bis drei Tage gießen. Der Boden darf niemals ganz austrocknen.

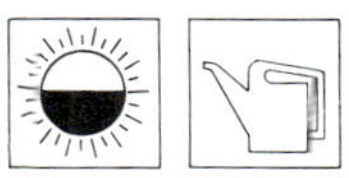

EUPHORBIA MILII (Christusdorn)

Familie: *Euphorbiaceae*, Wolfsmilchgewächse.
Herkunft: Madagaskar.
Beschreibung: Dorniger, reichverzweigter Strauch, etwa 1 bis 1,5 m hoch mit länglich-spatelförmigen, grünen Blättern und langen Dornen am Blattansatz. Die Blüten sind kräftigrot, in kleinen Blütenständen angeordnet und haben leuchtendgelbe Staubgefäße.
Blüte: Das ganze Jahr.
Verwendung: Ideal als Topfpflanze für Terrasse, Balkon, Veranda im Sommer, im Winter im Wintergarten oder in der Wohnung.
Vermehrung: Durch Stecklinge im Frühjahr oder Sommer. Ältere Triebstücke verwenden. In Wasser wurzeln lassen oder vor dem Einpflanzen die Schnittstelle einen Tag lang trocknen lassen.
Standort: Im Freien sonnig, in Räumen sehr hell.
Boden: Durchlässig – eine Mischung aus Gartenerde, fruchtbarer Komposterde und gewaschenem Sand.
Feuchtigkeit: Im Frühling und Herbst mäßig gießen, im Sommer etwas mehr, im Winter nur so viel, daß der Ballen nicht austrocknet.

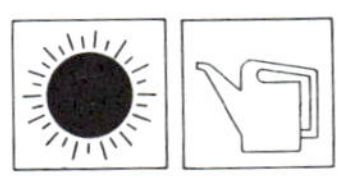

IMPATIENS BALSAMINA (Gartenbalsamine)

Familie: *Balsaminaceae*, Balsaminengewächse.
Herkunft: Indien und China; in Europa seit etwa Mitte des 16. Jahrhunderts.
Beschreibung: Krautige, einjährige Pflanze mit aufrechtem Stengel, bis 70 cm hoch, fleischig, an den Knoten verdickt. Die Blätter sind lanzettlich, grün, gesägt, die unteren gegenständig. Die Blüten sind achselständig, zeigen verschiedene Farben, meistens rot oder weiß, und stehen paarweise oder zu mehreren. Der Blütenkelch ist durch Ausfall der vorderen Kelchblätter dreiblättrig, das hintere ist gespornt und kronblattartig. Die Kronblätter sind paarweise miteinander verbunden.
Blüte: Juni bis Oktober.
Verwendung: Für Balkon und Terrassen, große Pflanzkübel, Randstreifen, Ampeln und Einzelgruppen.
Pflanzzeit: Die aus Samen unter Glas gezogenen Setzlinge werden im Mai ausgepflanzt.
Vermehrung: Aus Samen ab April.
Standort: Sonnig.
Boden: Fruchtbar, locker, leicht.
Feuchtigkeit: Regelmäßig gießen. Der Boden muß immer frisch sein.

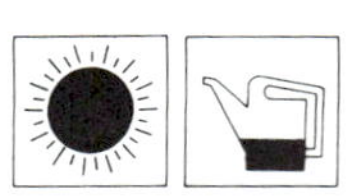

DAHLIA-HYBRIDEN (Dahlie)

Familie: *Compositae*, Korbblütler.
Herkunft: Mexiko.
Beschreibung: Dahlien sind ausdauernde, krautige Knollengewächse. Die Blätter sind gegenständig, spatelförmig, ganzrandig oder gezähnt und dunkelgrün. Die Blütenköpfe sind gefüllt, zeigen viele Formen und Farben. Die Hauptfarben sind Weiß, Rosa, Rot, Lila, Schwefelgelb.
Blüte: Herbst.
Verwendung: Für große Beete, Randstreifen, kleine Einzelgruppen, als Schnittblumen.
Pflanzzeit: Knollen Anfang Mai, aus Stecklingen oder Samen gezogene Jungpflanzen ab Mitte Mai.
Vermehrung: Durch Teilung der Knollen im Frühjahr. Jede Knolle muß einen Sproß (ein „Auge") haben. Durch Seitensprosse, die sich am Fuß der Pflanze bilden. Aus Samen, die einfache, einjährige Arten hervorbringen.
Standort: Sonnig, luftig, warm.
Boden: Sandig-lehmig, gut gemischt und gedüngt.
Feuchtigkeit: Jeden zweiten Tag reichlich gießen. Der Boden muß immer feucht sein.

CERATOSTIGMA PLUMBAGINOIDES

Familie: *Plumbaginaceae*, Bleiwurzgewächse. Der Name *Ceratostigma* stammt von den griechischen Wörtern *keros* (Horn) und *stigma* (Wundmal) und spielt auf die auffälligen Stieldrüsen an den Rippen der Kelchblätter an.
Herkunft: China; in Europa seit Mitte des 19. Jahrhunderts.
Beschreibung: Ausdauernde Pflanze, oben krautig, unten holzig, etwa 20 bis 25 cm hoch mit reichverzweigten, samtigen Stengeln. Die Blätter sind eiförmig-spitzig, gezähnt, die Blütenstände ährenartig mit veilchenblauen Kelchen. Die Kronen sind anfangs kräftig blau, später violett.
Blüte: Herbst.
Verwendung: Für Beetränder, Steingärten, Mauerritzen, Terrassen.
Pflanzzeit: Herbst.
Vermehrung: Durch Stecklinge im September.
Standort: Sonnig bis halbschattig.
Boden: Leichter, frischer Lehm-Kieselboden.
Feuchtigkeit: Regelmäßig, aber nicht zu oft gießen. Der Boden darf nie sehr feucht sein.
Anmerkung: Die Pflanze ist sehr kälteempfindlich und muß im Winter gut gegen Frost geschützt werden.

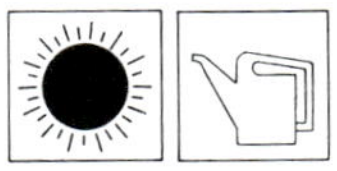

SENECIO-CRUENTUS-HYBRIDEN (Gartencinerarie)

Familie: *Compsitae*, Korbblütler.
Herkunft: Kanarische Inseln.
Beschreibung: *Senecio* ist eine Staude mit vielen Varianten. Sie ist einjährig und etwa 50 cm hoch mit oben weitverzweigten Stengeln. Die Blätter sind handförmig, gestielt, mit gewelltem und gezähntem Rand. Die Blütenstände sind vielfarbig, zumeist weiß, rosa, rot, blau oder violett.
Blüte: Frühling, im Gewächshaus früher.
Verwendung: Für große Einzelgruppen oder Randstreifen.
Vermehrung: Aus Samen, der nach einigen Nachzüchtungen immer mehr Pflege braucht, um aufzugehen. Es ist besser, im Februar oder März neue Pflanzen zu kaufen.
Standort: Sonnig.
Boden: Mischung aus drei Viertel fruchtbarer Komposterde und ein Viertel Humusboden sowie organischem Dünger in Pulverform.
Feuchtigkeit: Gießen, wenn der Boden trocken wird. Zuviel Wasser verhindert die Blüte teilweise oder ganz.

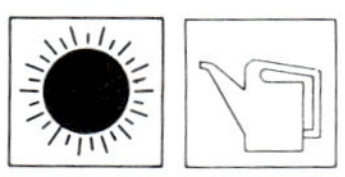

TAGETES PATULA (Studentenblume)

Familie: *Compositae*, Korbblütler. Der botanische Name stammt von einer etruskischen Gottheit.
Herkunft: Mexiko.
Beschreibung: Einjährige, krautige Pflanze, sehr streng riechend. Die Blätter sind gegenständig oder wechselständig, fiederteilig mit lanzettlichen Einschnitten. Die Stengel sind am Ende wenig oder gar nicht verdickt und tragen je ein Blütenköpfchen mit orangefarbener Mitte und rostbraunen bis kräftig-gelben Hüllblättern. Je nach Art ist die Pflanze zwischen 20 cm und 2 m hoch. Es gibt zahlreiche Sortengruppen, u.a. ‚Liliput', ‚Nana', ‚Arborea'.
Blüte: Juli bis September.
Verwendung: Für Randstreifen, Beete, Ampeln und Terrassen.
Pflanzzeit: Die aus Samen gezogenen Setzlinge werden im April ausgepflanzt.
Vermehrung: Aus Samen im März.
Standort: Sonnig.
Boden: Normale Gartenerde.
Feuchtigkeit: Regelmäßig alle zwei bis drei Tage gießen.
Anmerkung: *Tagetes* blüht lange und üppig, wenn die Stengel mit den verblühten Köpfchen abgeschnitten werden, um neuen Blüten Platz zu machen.

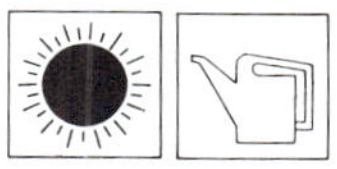

AGERATUM HOUSTONIANUM (Leberbalsam)

Familie: *Compositae*, Korbblütler. Der botanische Name stammt aus dem Griechischen und bedeutet soviel wie „von langer Dauer".
Herkunft: Mexiko, Peru.
Beschreibung: Krautige, ausdauernde Pflanze, etwa 50 cm hoch. Die Blätter sind lanzettlich oder elliptisch, unten und in der Mitte gegenständig. Die Blütenköpfe sind lila oder weiß, klein und in Dolden angeordnet.
Blüte: Frühling bis zum Frost.
Verwendung: Für Randstreifen, Beete, Terrassen.
Pflanzzeit: Die aus Samen gezogenen Setzlinge werden im Frühling ausgepflanzt.
Vermehrung: Aus Samen im März und April.
Standort: Sonnig bis halbschattig und warm.
Boden: Normale Gartenerde.
Feuchtigkeit: Regelmäßig, im Sommer sehr oft gießen.

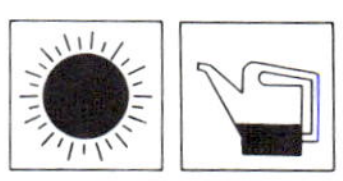

CAESALPINA

Familie: *Leguminosae*, Hülsenfrüchtler. Ihren botanischen Namen erhielt die Pflanze nach dem italienischen Botaniker A. Cesalpino (1519 – 1603).
Herkunft: Indien.
Beschreibung: Kletterstrauch, dessen junge Zweige und Stiele mit kräftigen, krummen Dornen versehen sind. Die Blätter sind unpaarig gefiedert, blaugrün, mit vielen Fiedern. Die kanariengelben Blüten sind in Trauben angeordnet und haben lange, orangefarbene Staubfäden.
Blüte: März bis April.
Verwendung: Für Hecken, Lauben, Mauern usw.
Vermehrung: Aus Samen, die vor der Aussaat einige Stunden in warmes Wasser gelegt werden.
Standort: Sonnig.
Boden: Kieselig, dürr.
Feuchtigkeit: Regelmäßig wenig gießen.

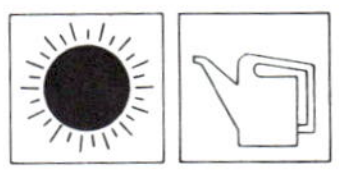

PLUMBAGO CAPENSIS

Familie: *Plumbaginaceae*, Bleiwurzgewächse.
Herkunft: Südafrika; in Europa seit Anfang des 19. Jahrhunderts.
Beschreibung: 1 bis 2 m hoher Halbstrauch mit spatelförmigen Blättern, unterseits mit weißlichen Schuppen. Die Äste sind dünn und holzig, die Blüten ziemlich groß, hellblau, mit trichterförmiger, fünfzipfeliger Krone.
Blüte: Frühjahr bis Spätherbst.
Verwendung: Blumenkübel, kleine Mäuerchen, kurze Säulen usw.
Vermehrung: Aus Samen, durch Stecklinge und Ableger.
Standort: Sonnig. Da die Pflanze warmes Klima gewöhnt ist, muß sie in der kalten Jahreszeit an einen warmen Platz gestellt werden.
Boden: Gut gedüngte, normale Gartenerde.
Feuchtigkeit: Regelmäßig, aber nicht zu oft gießen.

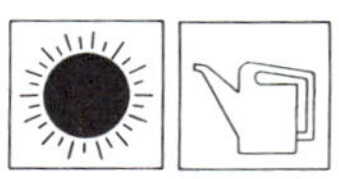

CLEMATIS-PAKUS-HYBRIDE ‚LASURSTERN'

Familie: *Ranunculaceae*, Hahnenfußgewächse.
Herkunft: Japan, Nordafrika, Europa.
Beschreibung: Pflanze mit gefiederten, lang gestielten Blättern. Die Blüten sind groß, ihr Durchmesser beträgt etwa 8 bis 10 cm, sie haben kronblattähnliche Kelchblätter in Dunkelblau.
Blüte: Mai bis Juni.
Verwendung: Für Gärten, Terrassen, Lauben, Zäune, Mauern, Säulen usw.
Vermehrung: Durch Ableger im Juni und Juli oder durch Stecklinge im Frühling.
Standort: Sonnig bis halbschattig. Der Fuß der Pflanze darf nicht in der Sonne stehen.
Boden: Leicht, kalkhaltig, durchlässig, gut gedüngt, mit Sand und Torf gemischt.
Feuchtigkeit: Oft und reichlich gießen, je nach Bedarf.
Anmerkung: Im Frühjahr stark zurückschneiden, um eine üppige Blüte zu erzielen.

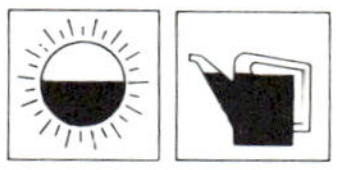

CLEMATIS VITALBA

Familie: *Ranunculaceae*, Hahnenfußgewächse.
Herkunft: Europa. Wächst in Wäldern und an Hecken.
Beschreibung: Ausdauernder, hoher Kletterstrauch (bis 10 m), leicht behaart mit kantigen Ästen. Die Blätter sind sommergrün, unpaarig gefiedert, mit drei bis sieben spitzeiförmigen, gestielten Fiedern. Die Blüten sind weiß oder gelblich und haben kronblattähnliche Kelchblätter.
Blüte: Juli bis September.
Verwendung: Für Mauern, Säulen, Torbögen, Lauben, Treppengeländer, Terrassen usw.
Pflanzzeit: Die aus Ablegern gezogenen Jungpflanzen werden im Herbst ausgepflanzt.
Vermehrung: Durch Ableger im Juli.
Standort: Hell, die Pflanze darf aber nicht über längere Zeit in der Sonne stehen. Den Fuß der Pflanze mit Laubwerk oder ähnlichem vor Sonnenbestrahlung schützen.
Boden: Leichte Komposterde, gemischt mit Heideboden.
Feuchtigkeit: Häufig gießen. Der Boden muß immer frisch sein.

CLEMATIS INTEGRIFOLIA

Familie: *Ranunculaceae*, Hahnenfußgewächse.
Herkunft: Balkan, Sibirien; seit 1596 in ganz Europa.
Beschreibung: Holziger Strauch mit kantigen Ästen, 60 bis 70 cm hoch. Die Blätter sind einfach, ganzrandig, spitz-eiförmig, sitzend, behaart. Die Einzelblüten sind endständig, ihre Farbe ist blau-violett; besonders schmückend sind die silbergrauen, wolligen Samenstände.
Blüte: Juli.
Verwendung: Für Balkone, Terrassen und Gärten.
Pflanzzeit: Im Spätherbst oder zum Winterende.
Vermehrung: Durch Stecklinge im Juni oder aus Samen im Frühling.
Standort: Halbschatten oder Schatten.
Boden: Gut gedüngte Gartenerde, gemischt mit Heideboden und Sand.
Feuchtigkeit: Oft, aber nicht zu reichlich gießen. Während der heißen Jahreszeit täglich.

CAMPANULA COCHLEARIFOLIA

Familie: *Campanulaceae*, Glockenblumengewächse.
Herkunft: Italien, Griechenland, in bergigen Gebieten auf steinigen Böden.
Beschreibung: Krautige, ausdauernde Pflanze, etwa 10 bis 15 cm hoch. Die Grundblätter sind langstielig, gezähnt oder gesägt, die Stengelblätter sind kurzgestielt bis sitzend, eiförmig bis lanzettlich, lanzettlich-lineal oder lineal. Alle Blätter sind behaart. Die langstieligen Blüten sind nickend in einer einseitswendigen Traube zu zweit bis sechst angeordnet. Die Krone ist glockenartig, hellblau, blau-violett oder weiß.
Blüte: Juni bis Juli.
Verwendung: Für Steingärten, Randstreifen, Einzelgruppen, Terrassen.
Pflanzzeit: Herbst oder März.
Vermehrung: Durch Teilung im Herbst oder im Frühling, aus Samen im Oktober.
Standort: Sonnig.
Boden: Normale, lockere, durchlässige Gartenerde, mit Kalk gemischt.
Feuchtigkeit: Oft und reichlich gießen. Der Boden darf nicht zu feucht sein.

LAVATERA TRIMESTRIS (Buschmalve)

Familie: *Malvaceae*, Malvengewächse. Ihren botanischen Namen erhielt die Pflanze nach den Brüdern Lavater (Schweizer Botaniker im 17. Jahrhundert).
Herkunft: Mittelmeerraum.
Beschreibung: Einjähriges, glatt bis filzig-zottiges Kraut mit verzweigten Stengeln, 60 bis 100 cm hoch. Die Grundblätter sind herzförmig-rundlich bis dreilappig, die Stengelblätter dreilappig und gezähnt. Die Blüten sind langstielig, die Krone ist rosa oder violett, dunkel geadert, die Kronblätter sind vorn tief ausgerandet.
Blüte: Juli bis Oktober.
Verwendung: Für Beete und Randstreifen.
Pflanzzeit: Die aus Samen gezogenen Setzlinge werden im Mai ausgepflanzt.
Vermehrung: Aus Samen im März und April.
Standort: Sonnig.
Boden: Normale Gartenerde.
Feuchtigkeit: Zwei- bis dreimal pro Woche gießen, während der heißen Jahreszeit etwas mehr.

PELARGONIUM (Pelargonie)

Familie: *Geraniaceae*, Storchschnabelgewächse. Das griechische Wort *pelargos* bedeutet Storch. Die Frucht der Pelargonie ähnelt einem Storchenschnabel.
Herkunft: Südafrika, Kapregion; in Europa seit 1794.
Beschreibung: Pflanze mit robusten, halbholzig-knotigen Ästen. Die Blätter sind wechselständig mit fünf bis sieben Nerven und fünf- bis siebenlappig, die Lappen sind doppelt fiederspaltig mit lanzettlichen Abschnitten und langen, behaarten Stielen. Die Blüten sind groß, in Blütenständen angeordnet und haben Kronen in den Farben Weiß, Rosa, Rot, Violett, Lila oder sind mehrfarbig gefleckt und geadert.
Blüte: Einmal zwischen Frühling und Sommer.
Verwendung: Für Balkone, Fenster, Terrassen.
Vermehrung: Durch Stecklinge im Frühling und August.
Standort: Sonnig.
Boden: Humuserde, gemischt mit Sand und Torf, kalkfrei.
Feuchtigkeit: Regelmäßig gießen, im Sommer mindestens jeden zweiten Tag.

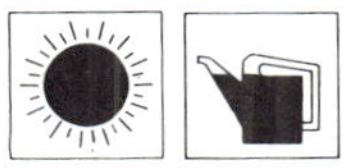

RUSSELIA EQUISETIFORMIS

Familie: *Scrophulariaceae*, Rachenblütler. Ihren botanischen Namen erhielt die Pflanze nach dem Botaniker Alessandro Russel (18. Jahrhundert).
Herkunft: Mexiko.
Beschreibung: Kleiner Strauch mit dünnen Ästen und wenigen, eiförmigen Blättern. Die Blüten sind röhrenförmig, korallrot und befinden sich an vielen, dicht wachsenden Zweigen.
Blüte: Mai bis Oktober.
Verwendung: Für Balkone und Terrassen.
Pflanzzeit: Frühling.
Vermehrung: Durch Stecklinge im September.
Standort: Sonnig.
Boden: Normale Gartenerde, gemischt mit Sand.
Feuchtigkeit: Häufig gießen, im Sommer jeden zweiten Tag.
Anmerkung: Im Februar zurückschneiden.

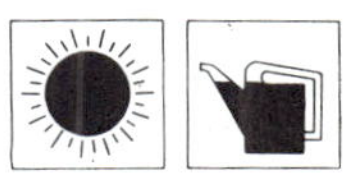

GLAUCIUM FLAVUM (Hornmohn)

Familie: *Papaveraceae*, Mohngewächse.
Herkunft: Meeresküsten (Mittelmeer, Schwarzes Meer, gelegentlich Atlantik, Kanaren, Nordsee).
Beschreibung: Einjährige, krautige Pflanze mit Milchsaft. Die Stengel sind glatt, blaugrün, etwa 1 m hoch. Die Blätter sind wechselständig, fleischig, behaart, gelappt bis gefiedert oder eiförmig mit gelappten oder gezähnten Abschnitten, die unteren gestielt, die oberen kleiner und stengelumfassend. Die Blüten sind einzeln, goldgelb, mit kurzen, robusten Stielen.
Blüte: Juni bis Juli.
Verwendung: Für Randstreifen, kleine Einzelgruppen, Beete.
Vermehrung: Aus Samen im Frühling.
Standort: Sonnig.
Boden: Locker, fruchtbar, durchlässig.
Feuchtigkeit: Regelmäßig gießen, im Sommer häufig. Staunässe vermeiden.

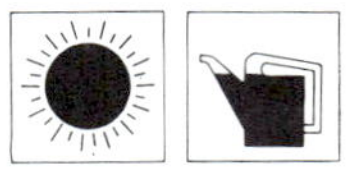

EUPHORBIA GRIFFITHII (Wolfsmilch)

Familie: *Euphorbiaceae*, Wolfsmilchgewächse.
Herkunft: Himalaya.
Beschreibung: Ausdauernder, buschiger, verzweigter Strauch, etwa 1 m hoch mit leuchtendgrünen, lanzettlichen Blättern. Die Blüten sind in Dolden angeordnet und haben maisgelbe oder orange-rote Deckblätter.
Blüte: Mai bis Juni.
Verwendung: Für kleine Einzelgruppen.
Pflanzzeit: Die aus Stecklingen gezogenen Jungpflanzen kommen sofort ins Freiland, wenn sie gewurzelt haben, denn die erwachsene Pflanze verträgt das Umpflanzen nur schwer.
Vermehrung: Aus Stecklingen nach der Blüte oder durch Teilung.
Standort: Sonnig bis halbschattig.
Boden: Normale Gartenerde oder karger Boden.
Feuchtigkeit: Regelmäßig gießen.

PRIMULA VULGARIS (Kissenprimel)

Familie: *Primulaceae*, Primelgewächse.
Herkunft: Europa.
Beschreibung: Ausdauernde Pflanze. Die Blätter, meistens in einer Grundrosette angeordnet, sind länglich-eiförmig, wellig gekerbt, runzelig, unterseits heller. Der Blütenschaft ist genauso lang oder etwas kürzer als die Blätter. Die einzelnen Blüten sind endständig mit langen, glockenförmigen Kelchen, die Krone hat fünf blaßgelbe Kronblätter und ist im Schlund organgefarbig.
Blüte: Frühling.
Verwendung: Für Randstreifen, Beete, Steingärten und Terrassen.
Vermehrung: Aus Samen oder durch Teilung der Wurzelballen im Herbst.
Standort: Halbschatten.
Boden: Locker, leicht, fruchtbar, vorwiegend sauer.
Feuchtigkeit: Regelmäßig gießen. Der Boden sollte immer frisch sein.

LONICERA CAPRIFOLIUM (Jelängerjelieber)

Familie: *Caprifoliaceae*, Geißblattgewächse. Die Art *Lonicera* wurde nach Dr. Aram Lonitzer, einem Botaniker aus Magonza (16. Jahrhundert), benannt.
Herkunft: Südeuropa.
Beschreibung: Kletterstrauch, etwa 3 bis 6 m hoch. Die Blätter sind verkehrt-eiförmig, unterseits blaugrün, sitzend und glänzend. Die oberen Blattpaare sind am Grund miteinander verwachsen. Die duftenden Blüten sind weißgelblich mit rötlicher Kronröhre und einem zweilippigen Saum. Ein Kronzipfel bildet die Unterlippe, vier formen die Oberlippe.
Blüte: Mai bis Juli.
Früchte: Sehr dekorativ.
Verwendung: Gut geeignet für Lauben, Mauern, Zäune, Baumstämme, Balkone und Terrassen. Die Pflanze braucht eine Kletterhilfe.
Pflanzzeit: März oder Herbst.
Vermehrung: Durch Ableger und aus Samen im Frühling, durch Stecklinge im August.
Standort: Kühl, halbschattig oder schattig.
Boden: Jeder fruchtbare, durchlässige Boden.
Feuchtigkeit: Regelmäßig ein paarmal pro Woche gießen, in der heißen Jahreszeit mehr.

LONICERA IMPLEXA (Geißblatt)

Familie: *Caprifoliaceae*, Geißblattgewächse.
Herkunft: Mittelmeerraum.
Beschreibung: Immergrüner Kletterstrauch. Die Blätter sind herzförmig-lanzettlich, unterseits blaugrün, nach unten verschmälert. Die Blüten sind innen weiß-gelblich, außen rotgetönt mit einer langen Kronröhre, die drei- bis viermal so lang ist wie die Kronzipfel.
Blüte: Juni bis August.
Früchte: Ovale rote Beeren.
Verwendung: Für Lauben, Mauern, Zäune, Säulen, Balkone, Terrassen.
Pflanzzeit: Herbst oder Frühjahr.
Vermehrung: Aus Ablegern zum Frühlingsende/Sommeranfang, durch Stecklinge im April oder August.
Standort: Halbschatten bis Schatten.
Boden: Leichter Boden, ein Gemisch aus Walderde, Torf und etwas Sand.
Feuchtigkeit: Regelmäßig ein paarmal pro Woche gießen.

PANCRATIUM MARITIMUM (Meeresnarzisse)

Familie: *Amaryllidaceae*, Amaryllisgewächse.
Herkunft: Südeuropa, Westfrankreich.
Beschreibung: Krautiges Zwiebelgewächs. Die grundständigen Blätter sind riemenförmig, blaugrün, etwa 2 cm breit und überragen den 50 bis 60 cm hohen Blütenschaft. Die Blüten sind endständig, in Dolden von drei bis fünfzehn angeordnet, duftend, sie bestehen aus einer langen Kronröhre mit sechs schmallanzettlichen Zipfeln, im Schlund befindet sich eine kurze, zylindrische Nebenkrone mit sechs zweispaltigen Zipfeln.
Blüte: August bis Oktober.
Verwendung: Für gemischte Randstreifen, Beete, Einzelgruppen sowie als Schnittblumen.
Pflanzzeit: Die Pflanze ist hier nicht winterhart, braucht Warmhaus.
Vermehrung: Durch Abtrennen der Brutzwiebeln im Herbst.
Standort: Sonnig.
Boden: Leicht, locker, eine Mischung aus Heideboden, Sand und Lauberde. Die Pflanze gedeiht auch in reinem Sandboden – wie in ihrer natürlichen Umgebung.
Feuchtigkeit: Bis zum Ende der Blüte regelmäßig gießen, danach reduzieren, während der Ruhezeit gar nicht gießen.

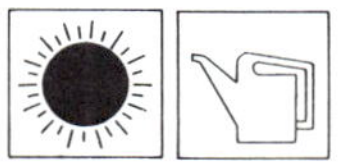

GODETIA GRANDIFLORA (Godetie)

Familie: *Onagraceae*, Nachtkerzengewächse. Die Pflanze erhielt ihren Namen nach dem Schweizer Botaniker Ch. Godet (1797 – 1875).
Herkunft: Kalifornien.
Beschreibung: Einjähriger, krautiger, sehr robuster Busch, 30 bis 60 cm hoch. Die Blätter sind wechselständig, die Blüten ährenartig angeordnet mit großen Kronen. Sie blühen rosa-lila mit großen roten Flecken auf den Kronblättern, manchmal auch ganz rot oder weiß.
Blüte: Sommer.
Verwendung: Für Randstreifen, Beete, kleine Einzelgruppen, Balkonkästen und Blumentöpfe sowie als Schnittblumen.
Vermehrung: Aus Samen im Frühjahr direkt ins Freiland.
Standort: Sonnig. In heißen Gebieten halbschattig.
Boden: Gartenerde, gemischt mit etwas Sand, Torf und Humusboden.
Feuchtigkeit: Im Sommer regelmäßig jeden zweiten Tag nicht zu kräftig gießen. Die Erde immer frisch halten.

JASMINUM POLIANTHUM

Familie: *Oleaceae*, Ölbaumgewächse.
Herkunft: China; erst seit kurzem in Europa.
Beschreibung: Robuste Kletterpflanze mit vergänglichen oder immergrünen Blättern, je nach Klima. Die weißen Blüten sind in großen Blütenständen angeordnet, unterseits rötlich, schwach duftend.
Blüte: Juni bis September.
Verwendung: Für Lauben, Zäune, Mauern, Balkone usw. Besonders für mildes Klima geeignet.
Pflanzzeit: Frühling.
Vermehrung: Durch halbholzige oder krautige Stecklinge zum Ende des Sommers.
Standort: Sonnig und warm.
Boden: Leicht mit viel Humus und etwas Sand.
Feuchtigkeit: Einmal wöchentlich nicht zu kräftig gießen.
Anmerkung: Nach der Blüte muß die Pflanze stark zurückgeschnitten werden, damit die jungen Zweige im kommenden Jahr reichlich blühen.

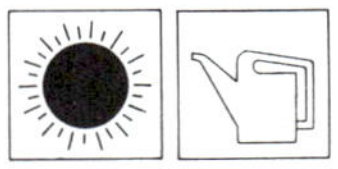

JASMINUM HUMILE ‚REVOLUTUM'

Familie: *Oleaceae*, Ölbaumgewächse.
Herkunft: Himalaja; in Europa seit 1656.
Beschreibung: Weitverzweigter, nicht kletternder Strauch mit fast zylindrischen Ästen. Die Blätter sind wechselständig, unpaarig gefiedert, mit drei bis fünf lanzettlich-spitzigen, selten eiförmigen Fiedern, die Endfieder ist gestielt, oberseitig intensiv grün, unterseitig weniger. Die Blüten sind gelb, schwach duftend, in endständigen Dolden angeordnet.
Blüte: Juni bis August.
Verwendung: Als Einzelpflanze oder in Gruppen an Rasenflächen.
Pflanzzeit: Frühling.
Vermehrung: Aus Stecklingen zum Winterende.
Standort: Sonnig und warm.
Boden: Leicht mit viel Humus und etwas Sand.
Feuchtigkeit: Einmal wöchentlich schwach gießen.
Anmerkung: Nach der Blüte stark zurückschneiden, damit die jungen Triebe im nächsten Jahr reichlich blühen.

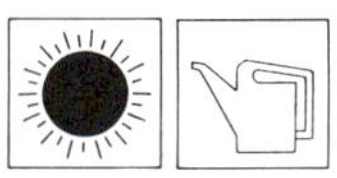

GALEGA OFFICINALIS (Geißraute)

Familie: *Leguminosae*, Schmetterlingsblütler.
Herkunft: Südosteuropa.
Beschreibung: Ausdauernde, krautige Pflanze, etwa 1 m hoch, glatt. Die Blätter sind unpaarig gefiedert, haben viele ganzrandige, lanzettlich-abgerundete oder lanzettlich-spitzige Fiedern mit kurzen Stielen. Die Blüten sind klein mit weißer oder blaßblauer Krone, viel länger als der Kelch, angeordnet in reichblütigen, achsenständigen Trauben.
Blüte: Juli bis August.
Erntezeit: Von Frühlingsende bis August.
Verwendung: Zur Herstellung von Tees, Säften und Tinkturen nimmt man Blüten, Blätter und Stengel.
Eigenschaften: Blutzuckersenkend, harntreibend, zur Anregung der Gallenfunktion.
Vermehrung: Aus Samen, durch Teilung, aus Stecklingen im Frühjahr.
Standort: Halbschattig bis sonnig, nicht zu trocken.
Boden: Leichte Gartenerde, frisch und feucht.
Feuchtigkeit: Häufig und reichlich gießen, besonders in der heißen Jahreszeit.

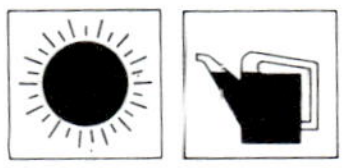

CLEMATIS-HYBRIDE ‚HENRYI'

Familie: *Ranunculaceae*, Hahnenfußgewächse.
Herkunft: Europa, Nordafrika, Japan.
Beschreibung: Pflanze mit gefiederten Blättern, die Fiedern sind eiförmig-elliptisch, leicht zugespitzt. Die Blüten sind weiß und groß, weisen 8 bis 10 cm im Durchmesser auf und haben kronblattähnliche Kelchblätter, die am Grund schmal zulaufen.
Blüte: Sommer.
Verwendung: Als Schmuck für Gärten, Terrassen, Lauben, Zäune, Mauern, Säulen usw.
Vermehrung: Durch Ableger im Juni und Juli, durch Stecklinge im Frühling.
Standort: Sonnig bis halbschattig. Den Fuß der Pflanze vor direktem Sonnenlicht schützen.
Boden: Locker, durchlässig, humos, gut gedüngt, gemischt mit Sand und Torf.
Feuchtigkeit: Täglich oder mindestens jeden zweiten Tag mäßig gießen. Staunässe vermeiden.
Anmerkung: Kräftig zurückschneiden.

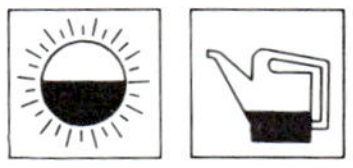

CLEMATIS MONTANA

Familie: *Ranunculaceae*, Hahnenfußgewächse.
Herkunft: Himalaja; in Europa seit 1831.
Beschreibung: 6 bis 7 m hoch rankende Liane mit langen, glatten, weitverzweigten Zweigen. Die Blätter sind beständig, dreizählig gefiedert, die Fiedern eiförmig-spitzig, gezähnt, oberseits intensiv grün, unterseits hell. Die Blüten sind groß, einzelständig an langen Stielen, weiß, mit vier auffälligen kronblattähnlichen Kelchblättern.
Blüte: Von Ende April bis Juli.
Verwendung: Als Schmuck für Mauern, Lauben, Terrassen usw.
Pflanzzeit: Im Frühjahr oder Herbst.
Vermehrung: Durch Ableger zum Sommeranfang oder aus Samen im Frühling.
Standort: Halbschatten bis Schatten am Fuß der Pflanze, oben auch sonnig.
Boden: Gut gedüngte Erde, gemischt mit Heideboden und etwas Sand.
Feuchtigkeit: Regelmäßig leicht gießen, während der heißen Jahreszeit täglich.

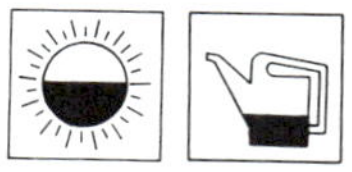

CLEMATIS ARMANDII

Familie: *Ranunculaceae*, Hahnenfußgewächse.
Herkunft: China; in Europa seit Anfang des 20. Jahrhunderts.
Beschreibung: Kletterstrauch mit langen, wenig verzweigten Trieben. Die Blätter sind dreizählig gefiedert, die Fiedern lanzettlich-spitzig, gestielt, intensiv grün. Die Blüten sind weiß bis rötlich, duftend, klein, in achselständigen Trauben angeordnet.
Blüte: Mai bis Juni.
Verwendung: Als Schmuck für Mauern und Lauben.
Pflanzzeit: Februar bis März oder im Spätherbst.
Vermehrung: Durch Ableger im Juni oder aus Samen im Frühjahr.
Standort: Der obere Teil sonnig bis halbschattig. Der Fuß der Pflanze muß schattig stehen. Das erreicht man u.a. mit Bodendeckern mit Flachwurzeln, deren Blätter am Fuß der *Clematis* für kühlen Schatten sorgen.
Boden: Gut gedüngte Erde, mit Heideboden und etwas Sand vermischt.
Feuchtigkeit: Regelmäßig und oft gießen.

CLEMATIS-HYBRIDE ‚JACKMANNII'

Familie: *Ranunculaceae*, Hahnenfußgewächse.
Herkunft: Europa, Nordafrika, Japan.
Beschreibung: Pflanze mit einfachen oder gefiederten Blättern und vielen großen Blüten mit fünf bis acht kronblattähnlichen, intensiv violetten Kelchblättern. Sie ist vermutlich die verbreitetste unter den *Clematis*-Hybriden. Sie existiert auch mit rosa, lila und bräunlich-purpurnen Blüten.
Blüte: Sommer.
Verwendung: Als Schmuck für Garten, Terrasse, Lauben, Zäune, Mauern, Säulen.
Vermehrung: Durch Ableger im Sommer, durch Stecklinge im Frühling.
Standort: Oben sonnig bis halbschattig, der Fuß im Schatten.
Boden: Leicht, durchlässig, gut gedüngt, mit Sand und Torf gemischt.
Feuchtigkeit: Täglich, eventuell jeden zweiten Tag gießen.
Anmerkung: Im Frühjahr zurückschneiden.

COBAEA SCANDENS (Glockenrebe)

Familie: *Polemoniaceae*, Sperrkrautgewächse. Ihren botanischen Namen erhielt die Pflanze nach dem spanischen Botaniker B. Cobo.
Herkunft: Mexiko.
Beschreibung: Ursprünglich eine ausdauernde, holzige, bis 10 m hohe Pflanze, gezüchtet jedoch einjährig und krautig mit wechselständigen, gefiederten Blättern mit vier bis sechs eiförmigen Fiedern sowie Blattranken. Der Blütenkelch ist grünlich-violett, gekerbt, die Krone glokkenförmig, anfangs grünlich, später violett oder weißlich.
Blüte: Juni bis Oktober.
Verwendung: An Mauern, Baumstämmen, Terrassen, Lauben usw.
Pflanzzeit: Die aus Samen gezogenen Setzlinge werden ab Mitte Mai ausgepflanzt.
Vermehrung: Aus Samen, der im Februar ins Frühbeet oder in Töpfe gesät wird.
Standort: Halbschattig, in kühleren Regionen sonnig.
Boden: Locker, fruchtbar, zur einen Hälfte Erde, zur anderen Torf und Sand.
Feuchtigkeit: Im Sommer jeden zweiten Tag gießen, sonst zweimal pro Woche.

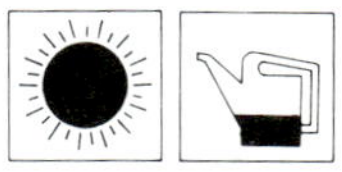

COLCHICUM SPECIOSUM (Herbstzeitlose)

Familie: *Liliaceae*, Liliengewächse.
Herkunft: Kaukasus und Orient.
Beschreibung: Ausdauerndes Knollengewächs, etwa 15 bis 30 cm hoch. Die grundständigen Blätter sind länglichlanzettlich, etwa 25 cm lang und erscheinen erst nach der Blüte im Frühjahr. Die Blüten sind langröhrig mit sechs länglichen, purpurfarbenen, am Grund gelben Abschnitten und weisen eine Länge von 6 bis 7 cm auf.
Blüte: September bis Oktober.
Verwendung: Für Randstreifen, als Rasenschmuck, zwischen kleinen Sträuchern, für Steingärten sowie Blumenkästen und Blumentöpfe.
Pflanzzeit: Im Sommer, damit sie im Herbst blühen.
Vermehrung: Durch Trennung der Knollen im Oktober/November, 20 bis 30 Tage nach der Blüte.
Standort: Sonnig bis halbschattig.
Boden: Normale Gartenerde.
Feuchtigkeit: Regelmäßig, nicht zu reichlich gießen. Der Boden soll immer feucht sein.

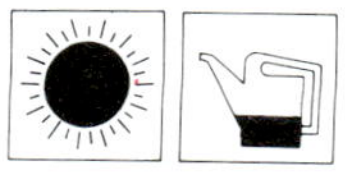

RHODODENDRON FERRUGINEUM (Alpenrose)

Familie: *Ericaceae*, Heidekrautgewächse.
Herkunft: Alpen, Balkanländer; typisch in Waldungen und an Berghängen bis zu 2 500 m.
Beschreibung: Strauch mit gekrümmten Ästen. Die Blätter sind lederartig, kurzstielig, immergrün, elliptisch-lanzettlich, oberseits leuchtend-dunkelgrün, unterseits rostbraun. Die Blüten sind karminrosa, in Trauben angeordnet. Die Kronen sind trichterförmig mit fünf langen Kronlappen.
Blüte: Mai bis Juni.
Verwendung: Einzeln und in Gruppen.
Vermehrung: Durch Stecklinge oder Ableger im Juni bis Juli.
Standort: Halbschatten.
Boden: Fruchtbar, sauer – am besten ist eine Mischung aus Kastanienerde, Torf und Humusboden.
Feuchtigkeit: Regelmäßig gießen. Der Boden muß immer frisch sein.

POTENTILLA FRUTICOSA (Fingerkraut)

Familie: *Rosaceae*, Rosengewächse.
Herkunft: Nördliches Europa, zum Teil wildwachsend, meistens gezüchtet.
Beschreibung: Samtig-grauer Strauch, bis 1,50 m hoch. Die Blätter sind gefiedert, mit fünf bis sieben elliptischen, ganzrandigen, unterseits seidigen Fiedern. Die Blüten sind gelb mit fünf Kronblättern, in endständigen Rispen angeordnet. Die Pflanze existiert in verschiedenen Gartensorten mit Blüten in unterschiedlichen Farbtönen.
Blüte: Mai bis August.
Verwendung: Für Böschungen und Steingärten, Beetränder sowie Balkone und Terrassen.
Pflanzzeit: Frühling (für die aus Samen gezogenen Setzlinge) und Herbst.
Vermehrung: Aus Samen im Frühjahr, durch Stecklinge zum Sommerende.
Standort: Sonnig und luftig.
Boden: Normale Gartenerde mit etwas Torf.
Feuchtigkeit: Regelmäßig gießen. Der Boden muß immer frisch sein.

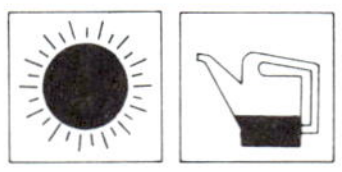

LEONOTIS LEONORUS (Löwenohr)

Familie: *Labiatae*, Lippenblütler. Der botanische Name stammt aus dem Griechischen und bedeutet Löwenohr.
Herkunft: Südafrika; in Europa seit Anfang des 18. Jahrhunderts.
Beschreibung: Strauch von etwa 1 bis 2 m Höhe mit samtigen Ästen. Die Blätter sind beständig, eiförmig-lanzettlich bis eiförmig, nach unten stielartig verschmälert, gezähnt, grün. Die Blüten sind orangerot, röhrig, mit langer, gewölbter Oberlippe, in büscheligen Blütenständen angeordnet.
Blüte: September bis November.
Verwendung: Für große, farbenprächtige Gruppen. Ideal als Kübelpflanzen, die im Winter ins Warme gebracht werden können.
Vermehrung: Durch Teilung im Winter, durch Stecklinge im April.
Standort: Sonnig.
Boden: Fruchtbare Gartenerde.
Feuchtigkeit: Oft und reichlich gießen.

SILENE PENDULA (Leimkraut)

Familie: *Caryophyllaceae*, Nelkengewächse.
Herkunft: Südeuropa; seit Anfang des 18. Jahrhunderts in ganz Europa.
Beschreibung: Einjährige, üppig blühende Pflanze, 30 bis 50 cm hoch mit verzweigten Stengeln. Die Blätter sind gegenständig, ganzrandig, spatelförmig-lanzettlich. Die Blüten sind zunächst aufrecht, später geneigt und in Dolden angeordnet. Sie erscheinen in Leuchtendrosa, Weiß, Rot sowie in Zwischentönen.
Blüte: Juni bis August.
Verwendung: Für Steingärten, kleine Mauern, Randstreifen, machmal als Schnittblumen.
Pflanzzeit: Die aus Samen gezogenen Pflanzen werden im Frühjahr ausgepflanzt.
Vermehrung: Aus Samen zum Winterende.
Standort: Sonnig.
Boden: Lehmig-sandig, durchlässig.
Feuchtigkeit: Je nach Jahreszeit und Wetterlage regelmäßig ein paarmal pro Woche leicht gießen.

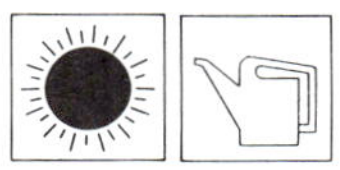

TRACHELOSPERMUM JASMINOIDES (Sternjasmin)

Familie: *Apocynaceae*, Hundsgiftgewächse.
Herkunft: China und Japan; seit 1846 in Europa.
Beschreibung: Kletterstrauch, 2 bis 3 m hoch. Die Blätter sind glatt, immergrün, eiförmig-lanzettlich, glänzend, gestielt, gegenständig. Die Blüten sind weiß, stark duftend, in Rispen angeordnet.
Blüte: April bis Juni.
Verwendung: Für Spaliere, Zäune, Mauern, Säulen, Terrassen usw.
Vermehrung: Durch Ableger oder Stecklinge im Juli.
Standort: Vorzugsweise sonnig, an sehr warmen Orten auch halbschattig.
Boden: Gartenerde, gemischt mit Humus oder Heideboden.
Feuchtigkeit: Im Freiland einmal wöchentlich mäßig gießen, im Kübel alle drei bis vier Tage.

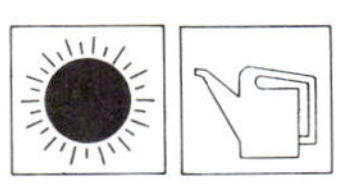

FICUS PUMILA (Kletter-Ficus)

Familie: *Moraceae*, Maulbeerbaumgewächse.
Herkunft: China, Japan; seit 1721 in Europa.
Beschreibung: Immergrüne Kletterpflanze. Die blütenlosen Zweige haben kleine, eiförmige Blätter. Die Blätter der blütentragenden Zweige sind größer. Die Blüten selbst sind unscheinbar.
Verwendung: Nur im Haus.
Vermehrung: Durch Ableger im Sommer.
Standort: Halbschatten oder Schatten, geschützt vor Zugluft.
Boden: Eine Mischung aus Erde, Torf und Sand.
Feuchtigkeit: Regelmäßig einmal pro Woche mäßig gießen, Ballen nie austrocknen lassen.

PITTOSPORUM TOBIRA (Klebsame)

Familie: *Pittosporaceae*, Klebsamengewächse. Der Name *Pittosporum* kommt aus dem Griechischen und bedeutet „Samen mit klebriger Schale“.
Herkunft: China und Japan.
Beschreibung: Strauch oder Baum mit kurzen Ästen. Die Blätter sind wechselständig, eiförmig bis verkehrt-eiförmig, oberseits kräftig hellgrün. Die Blüten sind weiß oder gelblich und in Blütenständen angeordnet. Ihr starker Duft ähnelt dem von Orangenblüten.
Blüte: Frühling bis Juli.
Verwendung: Als Kübelpflanze, Überwinterung bei 4 bis 8 Grad C.
Vermehrung: Durch Ableger im Juli oder durch Stecklinge gegen Sommerende.
Standort: Halbschattig bis sonnig.
Boden: Normale Gartenerde, gemischt mit Torf und Sand.
Feuchtigkeit: Regelmäßig gießen, im Sommer reichlicher.

ARBUTUS UNEDO (Erdbeerbaum)

Familie: *Ericaceae*, Heidekrautgewächse.
Herkunft: Mittelmeerraum.
Beschreibung: Kleiner immergrüner Baum oder Strauch. Die Blätter sind gezähnt, elliptisch, spitzig, kurz gestielt und beidseitig leuchtendgrün. Die Blüten sind weiß oder rosa und in geneigten Trauben angeordnet.
Blüte: Oktober bis Februar.
Verwendung: Als Schmuckbaum im Kübel wegen der Blätter und Früchte. Beide enthalten das adstringierende Tannin. Daher sind die Früchte zum Verzehr nicht geeignet.
Vermehrung: Aus Samen zum Winteranfang.
Standort: Sonnig bis halbschattig, im Haus überwintern.
Boden: Leichter, lockerer Boden, etwas sandig und ohne Kalk.
Feuchtigkeit: Selten gießen.

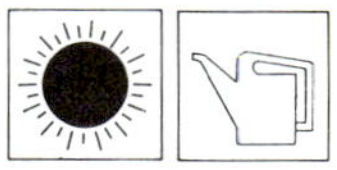

TRADESCANTIA FLUMINENSIS ‚VARIEGATA'

Familie: *Commelinaceae*, Commelinengewächse. Ihren botanischen Namen erhielt die Pflanze nach J. Tradescant, der zusammen mit seinen Söhnen Gärtner bei Charles I. und Charles II. von England war.
Herkunft: Brasilien.
Beschreibung: Krautige, ausdauernde Pflanze. Die Blätter sind 2 bis 3 cm breit, eiförmig-spitzig, unten leicht herzförmig, kräftiggrün mit weißen und lila Streifen. Die Stengel sind oben aufrecht. Die Blüten sind weiß und in Rispen angeordnet, sie haben drei grüne Kelchblätter, drei Kronblätter und sechs flaumige Staubgefäße.
Blüte: Nicht festgelegt. Die Pflanze kann in unseren Breitengraden zu jeder Jahreszeit blühen.
Verwendung: Für Balkone, Terrassen, Wohnungen, nur im Topf.
Pflanzzeit: Frühling.
Vermehrung: Durch Teilung des Wurzelballens im März/April oder durch Stecklinge das ganze Jahr.
Standort: Schattig bis halbschattig.
Boden: Die Pflanze paßt sich jedem Boden an, am besten ist jedoch fruchtbarer, durchlässiger, mit Torf und Sand gemischter Boden.
Feuchtigkeit: Regelmäßig gießen, nicht zu reichlich.

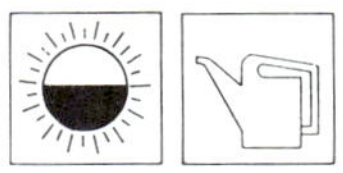

TRADESCANTIA VIRGINIANA

Familie: *Commelinaceae*, Commelinengewächse.
Herkunft: Nordamerika; in Europa seit Anfang des 17. Jahrhunderts.
Beschreibung: Ausdauernde, krautige Pflanze. Die Blätter sind etwa 2 cm breit, lineal-lanzettlich, ziemlich lang, wechselständig, am Rand leicht bewimpert. Die Stengel sind knotig und wachsen in Büscheln. Die Blüten haben drei grüne Kelchblätter und drei Kronblätter in Weiß, Hellblau, Rosa, Blauviolett, Rot, Lila usw. sowie Staubfäden mit flaumigen Staubbeuteln.
Blüte: April bis Mai, aber auch zu anderen Jahreszeiten.
Verwendung: Für Wohnungen, Balkone, Terrassen, Wintergärten oder Veranden. Auch für steinige Abhänge und gemischte Randstreifen geeignet.
Pflanzzeit: Frühling.
Vermehrung: Durch Teilung des Wurzelballens im März/April oder durch Stecklinge das ganze Jahr.
Standort: Halbschattig bis schattig.
Boden: Blumenerde, mit Torf und Sand gemischt, insgesamt locker und fruchtbar.
Feuchtigkeit: Regelmäßig, nicht zu kräftig gießen.

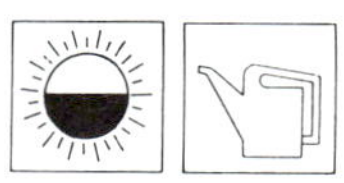

TROPAEOLUM (Kapuzinerkresse)

Familie: *Tropaeolaceae*, Kapuzinerkressengewächse. Der botanische Name stammt von dem griechischen Wort *tropaion* und bedeutet Trophäe.
Herkunft: Amerika.
Beschreibung: Krautige Pflanze mit blaugrünen, schildförmigen, fleischigen Blättern. Die Blüten sind unregelmäßig achselständig. Der farbige Kelch ist zweilippig, die obere Lippe dreigeteilt und gespornt, die untere zweiteilig. Die Krone mit fünf meist ungleichen Kronblättern (zum Teil auch reduziert auf die beiden oberen Kronblätter) ist rot, orange, gelb, goldgelb, bräunlich usw.
Blüte: Juni bis November.
Verwendung: Für Spaliere, Balkon und Terrasse, Fenster usw.
Vermehrung: Die einjährigen Pflanzen aus Samen im Frühling, die ausdauernden durch Teilung des Wurzelballens ebenfalls im Frühling.
Standort: Sonnig bis halbschattig.
Boden: Normale frische Erde, mit Torf und Sand gemischt.
Feuchtigkeit: Regelmäßig, nur leicht gießen. Es darf sich niemals Staunässe bilden.

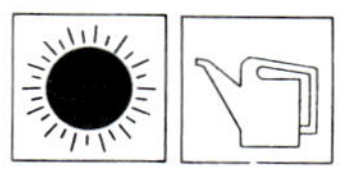

BEGONIA SEMPERFLORENS (Begonie)

Familie: *Begoniaceae*, Schiefblattgewächse. Die Pflanze erhielt ihren Namen nach dem französischen Naturforscher M. Bégon (17. Jahrhundert).
Herkunft: Brasilien; in Europa seit Anfang des 19. Jahrhunderts.
Beschreibung: Einjährige, krautige, 15 bis 35 cm hohe Pflanze mit fleischigen, verzweigten Stengeln. Die Blätter sind eiförmig bis rund, grün oder dunkelbraun. Die Blüten sind rosa, rot oder weiß, in achselständigen Rispen angeordnet. Begonien gibt es in vielen Sorten und Größen, einige von ihnen mit Blättern in den unterschiedlichsten Rottönen.
Blüte: Frühling bis Herbst.
Verwendung: Für Beete, Randstreifen, Blumenschalen.
Pflanzzeit: Frühling.
Vermehrung: Aus Samen von Dezember bis Februar im heizbaren Frühbeet. Später die Setzlinge in Torftöpfe vereinzeln und warm überwintern.
Standort: Halbschatten.
Boden: Leichte Gartenerde, Torf und Sand zu gleichen Teilen.
Feuchtigkeit: Regelmäßig täglich gießen. Der Boden muß frisch sein, aber niemals zu feucht.

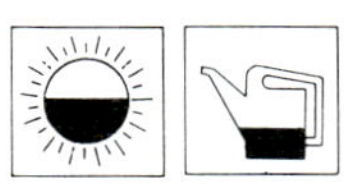

AGAPANTHUS AFRICANUS (Schmucklilie)

Familie: *Liliaceae*, Liliengewächse. *Agapanthus* heißt nach seiner griechischen Bezeichnung „Blume der Liebe".
Herkunft: Kap der Guten Hoffnung; in Europa seit Ende des 17. Jahrhunderts.
Beschreibung: Ausdauernde Pflanze mit Rhizomen. Die Blätter sind lineal, etwa 30 cm lang, kräftiggrün und wachsen in grasartigen Büscheln. Die Blüten sind duftlos, blau, himmelblau oder weiß und in großen Dolden angeordnet. Der Schaft ist wesentlich länger als die Blätter.
Blüte: Sommer bis Anfang Herbst.
Verwendung: Wegen ihrer prächtigen Blüten eignet sich die Schmucklilie besonders gut im Kübel für die Terrasse oder als Schnittblume.
Vermehrung: Durch Teilung des Wurzelstocks im März.
Standort: Halbschattig bis sonnig, Überwintern im Haus.
Boden: Durchlässige, gute Pflanzenerde mit etwas Sand.
Feuchtigkeit: Regelmäßig, nicht zu kräftig gießen.

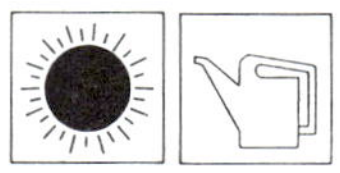

GENTIANA PUNCTATA (Tüpfelenzian)

Familie: *Gentianaceae*, Enziangewächse.
Herkunft: Kieselige Bergweiden der Alpen und Karpaten.
Beschreibung: Krautige Pflanze, etwa 50 cm hoch, mit aufrechtem, etwas kantigem Stengel. Die Blätter sind groß, elliptisch bis eiförmig, mit fünf bis sieben Hauptnerven. Die Blüten sind in Büscheln angeordnet, gelb mit braunen Punkten, die Krone ist glockig-walzig mit sechs bis sieben eiförmigen Lappen.
Blüte: Juli bis September.
Verwendung: Für Steingärten und Terrassen.
Vermehrung: Durch Teilung der Wurzelballen oder aus Samen.
Standort: Ziemlich sonnig.
Boden: Frisch, leicht feucht, sauer.
Feuchtigkeit: Regelmäßig gießen. Der Boden muß immer frisch sein.

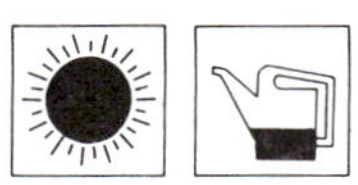

CALLISTEPHUS CHINENSIS (Sommeraster)

Familie: *Compositae*, Korbblütler.
Herkunft: China, Japan; in Europa seit Anfang des 18. Jahrhunderts.
Beschreibung: Einjährige, krautige Pflanze mit aufrechten Stengeln, 20 bis 80 cm hoch. Die Blätter sind wechselständig, gezähnt. Die Blütenköpfe sind groß, einzelständig, mit gelbem Köpfchenboden. Die Wildart hat eine Reihe weißer Zungenblüten. Die gezüchteten Arten sind mit Zungenblüten oder Röhrenblüten gefüllt, sie blühen blau, rosa, rot, violett usw.
Blüte: Ende Sommer bis Herbst.
Verwendung: Für bunte Gruppen, Beetränder, als Schnittblumen.
Pflanzzeit: Aus Samen gezogene Setzlinge werden ab Mitte Mai ausgepflanzt.
Vermehrung: Aus Samen Februar bis April. 45 Tage später die Jungpflanzen vereinzeln und ins Frühbeet setzen, bevor sie ins Freiland kommen.
Standort: Sonnig bis halbschattig.
Boden: Normale, lockere, gut gedüngte Gartenerde.
Feuchtigkeit: Regelmäßig gießen, im Sommer reichlich.

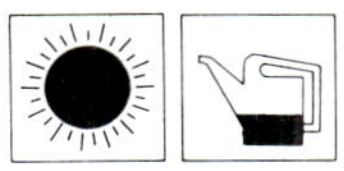

HELIANTHUS ANNUUS ‚NANUS' (Sonnenblume)

Familie: *Compositae*, Korbblütler. Der botanische Name kommt aus dem Griechischen und setzt sich aus *helios* (Sonne) und *anthos* (Blume) zusammen.
Herkunft: Peru oder Mexiko; seit Ende des 16. Jahrhunderts in Europa.
Beschreibung: Einjährige Pflanze mit kräftigem, aufrechtem Stengel. Die ursprüngliche Art ist bis 3 m hoch, die Variante ‚Nanus' etwa 50 cm. Die Blätter sind groß, eiförmig, gegenständig, gestielt, mit drei kräftigen Nerven, rauh, mit gesägtem Rand. Die Blütenköpfe sind groß, leicht geneigt, mit bräunlicher Mitte und gelben, strahlenförmigen Zungenblüten, die hell- bis kräftiggelb oder rötlichgelb gefärbt sind.
Blüte: Juli bis September.
Verwendung: Für Randstreifen, Beete, Einzelgruppen als Farbtupfer.
Pflanzzeit: Die aus Samen gezogenen Setzlinge werden im Mai ausgepflanzt.
Vermehrung: Aus Samen im März.
Standort: Sonnig.
Boden: Normale, fruchtbare, gut gedüngte Gartenerde.
Feuchtigkeit: Regelmäßig jeden zweiten Tag reichlich gießen, besonders im Sommer.

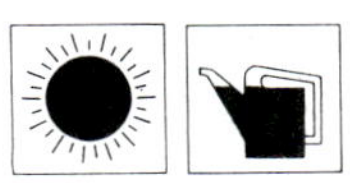

HERMODACTYLUS TUBEROSUS (Wolfsschwertel)

Familie: *Iridaceae*, Schwertliliengewächse.
Herkunft: Europa.
Beschreibung: Ausdauernde Pflanze mit Rhizomen, etwa 20 bis 40 cm hoch. Die wenigen Blätter erscheinen im Herbst, sind grundständig, grasartig-lineal, länger als der Blütenschaft, der eine braun-violett-gelbe, endständige, duftende Blüte trägt. Die Kronblätter sind ungleich, die äußeren rund, die inneren schmal und spitz.
Blüte: Februar bis Mai.
Verwendung: Für kleine Gruppen, Beete, Ränder, Böschungen, Terrassen.
Vermehrung: Durch Teilung des Wurzelstocks im September.
Standort: Sonnig und luftig, die Pflanze braucht Winterschutz.
Boden: Gute, nahrhafte, durchlässige Lauberde.
Feuchtigkeit: Regelmäßig, nicht zu kräftig gießen. Durch Staunässe verfaulen die Rhizome.

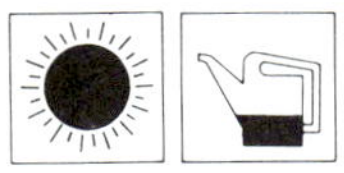

GARDENIA JASMINOIDES (Gardenie)

Familie: *Rubiaceae*, Krappgewächse. Ihren botanischen Namen erhielt die Pflanze nach dem Naturforscher Dr. A. Garden (18. Jahrhundert).
Herkunft: China; in Europa seit 1763.
Beschreibung: Immergrüner, von Grund auf verzweigter Strauch, der bis zu 1 m hoch werden kann. Die Blätter sind eiförmig oder lanzettlich, gegenständig, glänzend-dunkelgrün. Die Blüten duften stark, sind einfach oder gefüllt, mit spiralförmig angeordneten Kronblättern, anfangs weiß, dann blaßgelblich und kurz vor dem Verwelken gelb.
Blüte: Juni bis Oktober.
Verwendung: Als Topfpflanze oder Schnittblume.
Vermehrung: Durch Stecklinge.
Standort: Halbschattig bis sonnig (in diesem Fall reichlich besprühen und gießen), Überwintern bei 17 Grad C.
Boden: Humusboden, durchlässig, gut gedüngt, ohne Kalk.
Feuchtigkeit: Regelmäßig gießen. Der Boden sollte immer frisch, aber niemals zu feucht sein.

ARNICA MONTANA (Arnika)

Familie: *Compositae*, Korbblütler.
Herkunft: Bergwiesen und -weiden der Alpen.
Beschreibung: Ausdauernde, krautige Pflanze mit aufrechtem Stengel. Die Blätter der Grundrosette sind eiförmig oder lanzettlich, ganzrandig, lederig-glatt. Die Stengelblätter sind gegenständig, lanzettlich und kleiner. Der gesamte Blütenkopf ist orangegelb, die Scheibenblüten röhrenförmig, die Randblüten zungenförmig und dreigezackt.
Blüte: Mai bis Juni.
Erntezeit: Die Blätter und Blüten im Sommer, die Rhizome im September bis Oktober.
Verwendung: Aus Blüten, Blättern und Rhizomen werden Tees und Säfte hergestellt.
Eigenschaften: Fiebersenkend, antiseptisch, blutdrucksteigernd.
Vermehrung: Durch Teilung des Wurzelstocks im Frühling oder Herbst.
Standort: Sonnig.
Boden: Locker, leicht und kalkhaltig.
Feuchtigkeit: Regelmäßig gießen.

CAMPSIS x TAGLIABUANA (Trompetenblume)

Familie: *Bignoniaceae*, Bignoniengewächse.
Herkunft: Japan, China *(C. grandiflora)*, Nordamerika *(C. radicans)*.
Beschreibung: Eine Züchtung aus *Campsis grandiflora* und *Campsis radicans*. Kräftiger Strauch, der 6 bis 8 m hoch werden kann. Die Blätter sind gefiedert, die Fiedern eiförmig-spitzig und gezähnt. Die Blüten sind leuchtend orangerot, trichterförmig, oben fünflappig, in Rispen angeordnet.
Blüte: Juli bis September.
Verwendung: Für Mauern, Lauben usw.
Pflanzzeit: Herbst oder Frühling.
Vermehrung: Durch Stecklinge im April oder Ableger im Mai oder zum Sommerende.
Standort: Sehr sonnig, sehr hell.
Boden: Locker, fruchtbar, tiefgrundig, durchlässig.
Feuchtigkeit: An heißen Sommertagen mäßig gießen, sonst nur nach Bedarf.

REGISTER